dtv

dtv

portrait

Herausgegeben von Martin Sulzer-Reichel

Dr. Andreas Etges, geboren 1965 in Duisburg, hat in Bochum, Madison, Wisconsin (USA) und Bielefeld Geschichte, Germanistik und Journalistik studiert. Am John F. Kennedy-Institut für Nordamerikastudien der Freien Universität Berlin lehrt er amerikanische Geschichte. Er war Kurator der Sonderausstellung ›John F. Kennedy‹ des Deutschen Historischen Museum in Berlin (Sommer 2003).

John F. Kennedy

von Andreas Etges

Deutscher Taschenbuch Verlag

Weitere in der Reihe **dtv portrait** erschienene Titel
am Ende des Bandes

Originalausgabe
Juni 2003
Dieses Buch folgt den Regeln der neuen deutschen Rechtschreibung.

www.dtv.de

Umschlagkonzept: Balk & Brumshagen
Umschlagfoto: © CORBIS
Satz und Layout: Agents – Producers – Editors, Overath
Druck und Bindung: APPL, Wemding
Gedruckt auf säurefreiem, chlorfrei gebleichtem Papier
Printed in Germany ISBN 3-423-31068-5

Inhalt

1 John F. Kennedy, der 35. Praesident der USA. Portraitaufnahme, um 1962

Auf dem Weg nach oben – Die Fitzgeralds und die Kennedys

Ebenso wie über eine Million weiterer Iren verließen die Kennedys und Fitzgeralds aufgrund von Hungersnöten und der katastrophalen wirtschaftlichen Lage gegen Mitte des 19. Jahrhunderts ihre Heimat in Richtung Amerika. Wie hunderttausend andere Iren ließen sie sich in Boston, der Hauptstadt von Massachusetts, nieder. Doch schon bald wich ihr Weg von dem der meisten irischen Einwanderer ab. Zielstrebigkeit, Ehrgeiz, Geschäftssinn und manchmal ein an Skrupellosigkeit grenzender Durchsetzungswille prägten beide Familien und wurden von einer Generation an die nächste weitergegeben. Der Aufstieg der Clans zur wohl prominentesten und schillerndsten Familie der Vereinigten Staaten verlief zu Beginn parallel und gelegentlich auch in Konkurrenz zueinander. Die Vermählung von Joseph Kennedy und Rose Fitzgerald im Jahr 1914 war mehr als der Bund zweier Menschen. Ähnlich dem europäischen Adel verbündeten sich die beiden Familien und strebten als »Kennedys« nun vereint nach oben. Das Ziel war erreicht, als John F. Kennedy am 20. Januar 1961 mit der Hand auf der alten Familienbibel der Fitzgeralds seinen Amtseid ablegte.

Der Weg bis dahin war lang und beschwerlich, auch weil die neuen irisch-katholischen Einwanderer für die Alteingesessenen im protestantisch dominierten Boston oft nur

Rose Kennedy zitiert ihren Mann Joseph
»Wir wollen keine Verlierer unter uns haben. In dieser Familie wollen wir nur Gewinner.« Sie wurden dazu erzogen, Gewinner, Führer und Sieger auf jedem Gebiet zu werden, auf dem sie sich betätigten. »Werdet nicht Zweite oder Dritte. Das zählt nicht. Ihr müßt gewinnen!«

Rose Kennedy

Bürger zweiter Klasse waren. Ein wirtschaftlicher Aufstieg allein garantierte noch nicht den Aufstieg auf der sozialen Stufenleiter. Die soziale Akzeptanz musste erst noch errungen werden.

Der Farmarbeiter Patrick Kennedy aus Dunganstown und Bridget Murphy aus Wexford County hatten sich 1848 bei der Überfahrt in die USA kennen gelernt und im darauf folgenden Jahr geheiratet. Zehn Jahre später starb Patrick in Boston an Cholera, und seine Witwe musste die fünf Kinder nun allein durchbringen. Ihr jüngstes Kind, Patrick Joseph (P. J.), musste früh die Schule verlassen, um zu arbeiten. Mit 25 Jahren war er Besitzer eines Wirtshauses in Ost-Boston und handelte mit Getränken und Spirituosen. 1887 wurde Mary August Hickey, die Schwester des Bürgermeisters von Boston, seine Frau. Schon ein Jahr zuvor war Kennedy ins Abgeordnetenhaus gewählt worden, und Anfang der 1890er-Jahre saß er im Senat von Massachusetts.

Nachdem so die ersten Stufen erklommen waren, sollte dem ältesten Kind des Paares der weitere Aufstieg leichter fallen. Im Anschluss an sein Studium in Harvard ging der 1888 geborene Joseph Patrick und Vater des späteren Präsidenten zunächst ins Finanzgewerbe. Seine Karriere begann bei einer kleinen irischen Bank, wo sich Joseph Kennedy in wenigen Jahren nach oben arbeitete, bis er 1914 im Alter von 25 Jahren als – wie er selbst großspurig und fälschlich behauptete – »jüngster« Bankpräsident der USA der Columbia Trust Company vorstand. 1917 wechselte der ehrgeizige und erfolgreiche junge Mann als Manager zu einer lokalen Schiffswerft und von da weiter zum Bos-

Eine Bitte um Erhöhung des Taschengeldes
von Jack Kennedy
gewidmet meinem
Mr. J. P. Kennedy
Mein Taschengeld beträgt 40 Cents. Das habe ich für Flugzeuge und anderes Kin-

toner Investmenthaus Hayden, Stock & Co. Mit klugen Investmentdeals stellte er nicht nur seine Vorgesetzten zufrieden. Auch sein privates Vermögen vervielfachte sich, wenngleich nicht immer auf legale Weise. Kennedy profitierte von Insidergeschäften und war – es herrschte Prohibition – in den illegalen Alkoholhandel verwickelt. Später kaufte er auch Anteile an Filmstudios im boomenden Hollywood. Mit 35 Jahren war Joseph Kennedy mehrfacher Millionär. Die Familie erwarb ein Anwesen in New York sowie Sommerhäuser in Hyannis Port bei Cape Cod in Massachusetts und in Palm Beach, Florida.

Thomas Fitzgerald war ebenfalls Mitte des 19. Jahrhunderts nach Boston gekommen, wo er 1857 die irischstämmige Rosanna Cox heiratete. Auch die Fitzgeralds schafften innerhalb einer Generation als Lebensmittelhändler den Sprung in die Mittelschicht. Von ihren 13 Kindern brachte es der 1863 geborene John Francis Fitzgerald am weitesten, der 1889 Mary Josephine Hannon ehelichte. Mit knapp 30 Jahren war »Honey Fitz«, wie er genannt wurde, der »Boss« in dem von der Demokratischen Partei beherrschten North End, dem irischen Viertel der Stadt. Zeitgleich mit P. J. Kennedy wurde er in den Senat von Massachusetts gewählt. 1894 gewann er die Wahl zum Repräsentantenhaus in Washington. Eine rivalisierende Demokratische Parteigruppe mit Kennedy an vorderster Front hintertrieb später seine weitere Kandidatur, und 1901 kehrte Fitzgerald nach Boston zurück. Nach einer populistischen Kampagne gegen das Parteiestablishment und gegen die »Bosse« wurde »Honey Fitz« 1906 Bürgermeister. Acht Jahre später schlug das Pendel jedoch wieder zuguns-

derspielzeug ausgegeben, aber jetzt bin ich ein Pfadfinder und ich habe mein Kinderspielzeug beiseite gelegt. (…) Deshalb beantrage ich eine Erhöhung um 30 Cents, damit ich meine Pfadfindersachen kaufen und überhaupt etwas mehr bezahlen kann. Finis

Brief von Jack an seinen Vater, um 1927

ten seiner Gegner aus, und angesichts einer drohenden Verleumdungskampagne verkündete er, nicht mehr antreten zu wollen. Damit war der politische Ehrgeiz von Fitzgerald noch längst nicht gestillt. Als Nächstes kandidierte er für einen Senatorenposten in Washington, der seit 1893 von dem Republikaner Henry Cabot Lodge gehalten wurde. Doch diesen Kampf verlor er ebenso wie Jahre später das Rennen um den Gouverneursposten.

Joseph Kennedy und Rose Fitzgerald lernten sich 1906 kennen. Die rivalisierenden Familien waren zunächst nicht angetan von der gegenseitigen Zuneigung der beiden. Vor allem der Vater der 16-jährigen Rose war gegen die Verbindung mit dem zwei Jahre älteren Kennedy und schickte seine Tochter auf Klosterschulen und nach Europa, in der Hoffnung, sie würde ihn vergessen.

Doch Rose konnte bei der Verfolgung ihrer Ziele ebenso zielorientiert und starrsinnig sein wie der männliche Teil der Familie. Schließlich gab auch ihr Vater die Einwilligung in die Ehe. Der erste Wohnsitz, den Joseph und Rose Kennedy nach ihrer Heirat am 7. Oktober 1914 bezogen, ist heute eine nationale Erinnerungsstätte. In dem Haus in der Beals Street im Bostoner Vorort Brookline wurden die ersten vier der insgesamt neun Kinder des Paares geboren, darunter am 29. Mai 1917 der künftige Präsident, John (Jack) Fitzgerald Kennedy.

Der Wohlstand im Hause Kennedy wuchs beträcht-

2 »Honey Fitz« Fitzgerald und »P. J.« Kennedy um 1896

lich. Materiell mangelte es an nichts, und eine Dienerschaft sorgte sich um das Wohl der Großfamilie. Umso mehr litten die Kinder unter einem Mangel an Zuwendung, Zärtlichkeit und Verständnis der Eltern, deren Ehe von zahlreichen Krisen gezeichnet war.

Joseph Kennedy hatte viele Affären. Anfang 1920 trennte sich die erneut schwangere Rose Kennedy von ihm und zog zu ihren Eltern. Nicht zuletzt auf Druck ihrer eigenen Familie kehrte sie nach drei Wochen aus Pflichtgefühl zu ihrem Mann und den Kindern zurück. Es sollte ihr einziger offener Widerstand bleiben, auch als Joseph 1927 für eine Weile mit dem Hollywoodstar Gloria Swanson zusammenzog und an Scheidung dachte. Doch Rose Kennedy »bestrafte« die Untreue ihres Mannes auf ähnliche Weise, wie es Jackie Kennedy später mit ihrem Ehemann machen sollte: Sie gab Unsummen für Schmuck, teure Kleidung und Reisen aus.

Zu Hause führte der Vater ein eisenhartes Regiment und war bis weit ins Erwachsenenleben seiner Kinder der dominierende Patriarch. Vor allem den Söhnen impfte er einen unbedingten Sieges- und Durchsetzungswillen ein: Die Kennedys waren nicht zu Verlierern geboren. Schmerzen und Schwäche durften nicht gezeigt werden. Das erfuhren auch Gäste der Kinder, etwa beim Touch-Football-

3 Joseph Kennedy und Rose Fitzgerald bei ihrer Hochzeit 1914

spiel im Ferienwohnsitz in Hyannis Port, wo es hart und rücksichtslos zur Sache ging. Für die streng religiöse Mutter Rose, die 1995 im Alter von 104 Jahren starb, war Sex nur zum Zweck der Kinderzeugung erlaubt. Ihre strikten Regeln, ihr Insistieren auf Pünktlichkeit und Ordentlichkeit machten besonders dem wohl auch aus innerer Rebellion meist nachlässigen Jack zu schaffen.

Um den Überblick über die Krankheiten ihrer vielen Kinder nicht zu verlieren, legte Rose Kennedy Karteikarten für jedes einzelne an. Zwei Kinder bereiteten ihr Sorgen. Die älteste Tochter Rosemary war schon im Vorschulalter hinter ihre Altersgenossen zurückgefallen, und schließlich wurde eine geistige Behinderung diagnostiziert. Ganz nach seiner rigorosen Art wollte Vater Joseph das »Problem« lösen. Wohl ohne Kenntnis der anderen Familienmitglieder ließ er bei Rosemary 1941 eine Leukotomie durchführen. Der medizinisch umstrittene chirurgische Eingriff ins Gehirn machte sie zu einem dauerhaften Pflegefall, und Rosemary wurde der Obhut eines Frauenklosters in Wisconsin übergeben. Angeblich erfuhr Rose Kennedy erst 1961 von der Operation und ihren Folgen.

John F. Kennedy litt seit seiner Kindheit unter einer Vielzahl schwerer Krankheiten. Jack war als Kind von schmächtiger Gestalt und oft kränklich, litt an Asthma, Allergien und Infektionen. Ein späterer Verdacht auf Leukämie bestätigte sich nicht, aber eine schwere Scharlacherkrankung ließ seine Familie um sein Leben bangen.

Das oft kranke Kind verbrachte viel Zeit im Bett und verschlang Bücher geradezu. Seine Schul- und Studien-

> Ich glaube, es gehört zu den legendären Vorstellungen, die man sich von einem Präsidenten macht, daß man glaubt, er besäße außergewöhnliche Qualitäten und habe sich als Kind durch unfehlbare Tugendhaftigkeit ausgezeichnet. Ich kann bestätigen, daß dies bei Jack nicht so war, und auch nicht bei Bobby, Teddy oder irgendeinem der anderen Kinder. Wenn sie es verdient hatten, dann war, glaube ich, ein ordentlicher Klaps eine der wirksamsten Methoden, ihnen eine Lektion zu erteilen.
>
> *Rose Kennedy*

freunde waren später von seinem breiten politischen und historischen Wissen beeindruckt. Der Junge entwickelte schon früh eine bemerkenswerte Fähigkeit, Schmerzen zu ertragen. Die fügte ihm nicht zuletzt sein zwei Jahre älterer Bruder Joe zu, der ganz nach dem Geschmack des Vaters geraten war: stark, sportlich, intelligent und gut aussehend.

Joe, ein »brutaler Kerl«, wie Jack ihn einmal beschrieb, forderte den viel schwächeren Bruder immer wieder zum Kräftemessen heraus und prügelte sich mit ihm, brachte ihm aber auch das Segeln bei. Wo immer der Jüngere hinkam, welche Schule oder Universität er auch besuchte, Joe war schon vor ihm da gewesen und hatte intellektuell und sportlich brilliert. Im protestantischen Internat Choate in Connecticut war Joe Star des Footballteams und Chefredakteur der Schülerzeitung.

Jack Kennedy zeichnete sich durch Witz, Persönlichkeit und Charme aus. Bei seinem Abschlussjahrgang in Choate gewann er seine erste Kampagne und wurde gewählt als

Jack faszinierte Geschichte von all meinen Kindern am meisten. Sie war der Inhalt seiner Lektüre, seiner eigenen Schriften und seines Lebens.

Rose Kennedy

4 Joseph und Rose Kennedy mit acht ihrer neun Kinder am Strand von Palm Beach 1931. Joseph Patrick (geb. 1915), John Fitzgerald (1917), Rosemary (1918), Kathleen (1920), Eunice (1921), Patricia (1924), Robert (1925), Jean (1928). Edward (Ted) wurde erst 1932 geboren.

der, dessen Erfolg am wahrscheinlichsten wäre. Seine Noten waren allerdings nur mittelmäßig, und den Lehrern galt er als zu wenig ernsthaft: Er mache nicht genug aus seinem Potenzial. Nach Streichen und Verstößen gegen die strengen Regeln der Schulleitung wurde er sogar mit einigen Freunden kurzzeitig aus dem Internat verwiesen. Sein Vater, dem sehr am Fortkommen der Söhne gelegen war, griff wieder einmal schützend ein. Jacks aufsässiges Verhalten erfüllte ihn dabei aber mit heimlichem Stolz.

Joseph Kennedys eigenes Leben wurde von seiner wirtschaftlichen und politischen Karriere bestimmt. Er hatte im Präsidentschaftswahlkampf von 1932 klugerweise auf den späteren Präsidenten Franklin Delano Roosevelt gesetzt. Mit seinem großen wirtschafts- und sozialpolitischen Reformprogramm des »New Deal« wollte Roosevelt die schwere Depression bekämpfen. Er bot Kennedy im Juni 1934 den Chefposten der neuen Securities and Exchange Commission, einer Art Börsenaufsicht, an. Die Ernennung Kennedys, dem illegale Deals vorgeworfen wurden, war sehr umstritten: Es hieß, hier werde der Bock zum Gärtner gemacht. Kennedy erntete jedoch durchaus Lob für seine Arbeit, als er nach nur einem Jahr den Posten aufgab. Er hatte ursprünglich gehofft, Finanzminister zu werden. Trotz seiner Enttäuschung setzte er sich 1936 für die Wiederwahl des Präsidenten ein und ließ sogar ein Pamphlet ›Ich bin für Roosevelt‹ drucken. Darin gab er sich ganz selbstlos und wies von sich, worum es ihm doch eigentlich ging: sich und seinen Söhnen den Weg in die große Politik zu ebnen. Erneut belohnte ihn Roosevelt mit einem Posten, diesmal dem Vorsitz der Schifffahrtskommission.

> Ich betrachte die Frage der Ordnungsliebe bzw. des Mangels an Ordnungsliebe bei Jack als symptomatisch (...), denn er ist fast überall dort gleichgültig und unordentlich, wo es um organisatorische Dinge geht. Jack macht seine Hausaufgaben erst in letzter Minute, kommt zu spät zu Verabredungen, hat keinen Sinn für materielle Werte und kann oft seine Sachen nicht finden.
>
> *Mr. Maher, Hausvater von Jack in Choate*

Doch anscheinend schuldete er ihm noch mehr, denn im Dezember 1937 wurde bekannt, dass ihn der Präsident sogar zum Botschafter in England machen wolle. Als erster irisch-katholisch-stämmiger Amerikaner erhielt Kennedy so einen der wichtigsten Botschafterposten, der damals zu vergeben war. Damit gehörten die Kennedys endlich zur High Society. Da ihnen in Boston immer noch der Zugang zu den höchsten sozialen Kreisen verwehrt wurde, waren Empfänge im Buckingham-Palast Balsam für die Seele.

Kennedy selbst sorgte rasch dafür, dass dies sein letzter Regierungsposten sein sollte und er seine stillen Hoffnungen begraben konnte, 1940 als Nachfolger von Roosevelt für das Präsidentenamt zu kandidieren. In den Krisenjahren des beginnenden Zweiten Weltkriegs gehörte er zum Lager der Isolationisten, lobte die Appeasement-Politik des britischen Premierministers Neville Chamberlain wie das Münchener Abkommen mit Hitler und bekämpfte in aller Öffentlichkeit den möglichen Kriegseintritt der USA. Darüber hinaus wurden antisemitische Äußerungen von ihm bekannt.

Botschafter Kennedy wurde zunehmend zu einer Belastung für die britisch-amerikanischen Beziehungen. Zeitungen in den USA berichteten, dass Roosevelt ihn lieber auf seinem Posten in London belassen wolle, weil er dort weniger Schaden anrichten könne, als wenn er wieder zurück in die USA käme. Als es aber Anzeichen dafür gab, dass Kennedy dem Präsidenten bei der kurz bevorstehenden Wahl in den Rücken fallen wollte, wurde er im Oktober 1940 nach Washington zurückgerufen. Bald darauf erhielt Roosevelt das Rücktrittsgesuch Kennedys.

Arthur Neville Chamberlain, 1937–1940 britischer Premierminister, wurde kritisiert, zu nachgiebig gegenüber den Forderungen der Nationalsozialisten gewesen zu sein. Er unterschrieb 1938 das Münchener Abkommen mit Hitler, wodurch das »Dritte Reich« Böhmen und Mähren erhielt.

Die politische Einstellung seiner beiden ältesten Söhne war lange Zeit fast identisch mit seiner eigenen. Nur allmählich gelang es vor allem Jack Kennedy, sich politisch und persönlich zu emanzipieren. Wie seine Schulzeit wurde auch sein Studium häufig von schweren Krankheiten unterbrochen. 1935 reiste er, wie zuvor sein Bruder, zu einem Studienjahr nach England. Doch bevor die Kurse an der London School of Economics begannen, zwang ihn eine Erkrankung zur Rückkehr in die USA. Hier entschied er sich zunächst für die Universität Princeton, wo auch sein Zimmergenosse aus Choate, Lem Billings, studierte. Doch schon nach wenigen Monaten lag er wieder im Krankenhaus in Boston. Im Herbst 1936 nahm er schließlich sein Studium an der Universität auf, die auch sein Vater und sein Bruder Joe besucht hatten: Harvard. John F. Kennedy belegte mit Vorliebe Kurse in Politik, Geschichte und Wirtschaft.

Seine Abschlussarbeit in Harvard behandelte die Appeasement-Politik in München. Die Londoner US-Botschaft versorgte ihn mit wichtigem Quellenmaterial, und bezahlte Schreibkräfte sorgten für die fristgerechte Einreichung Mitte März 1940. Kennedy stellte die These auf, dass Chamberlain nicht allein dafür verantwortlich gemacht werden könne, dass England so wenig auf den Krieg mit Nazi-Deutschland vorbereitet war. Auch die ge-

5 John F. Kennedy bei seiner Graduation in Harvard, 1940

nerelle Schwäche einer Demokratie gegenüber einer Diktatur habe entscheidend dazu beigetragen. Ein totalitäres System etwa könne viel leichter ein Land für einen modernen Krieg mobilisieren. Die Bürger einer Demokratie müssten sich dieser und anderer Schwächen ihres Systems bewusst sein.

In Anlehnung an Winston Churchills Schrift ›While England Slept‹ (›Während England schlief‹) wurde die nur mit »cum laude« bewertete Arbeit Ende Juli 1940 unter dem Titel ›Why England Slept‹ (›Warum England schlief‹) veröffentlicht. Auf Anraten seines Vaters hatte Jack den Text an den eng mit der Familie befreundeten Arthur Krock geschickt. Der ›New York Times‹-Journalist war sehr angetan von der Arbeit, schlug den neuen Titel vor, half bei der Überarbeitung und unterstützte die Suche nach einem Verleger. Das Buch wurde ein Bestseller und auch in England publiziert. Dies lag nicht allein an dem politisch brisanten Thema. Wieder einmal hatte Joseph Kennedy nichts dem Zufall überlassen. Henry R. Luce, der prominente Herausgeber der Zeitschriften ›Time‹ und ›Life‹, schrieb das Vorwort, andere Journalisten verfassten wohlwollende Kommentare. Und schließlich soll Joseph Kennedy selbst viele tausend Exemplare gekauft haben, um das Buch so auf die Bestsellerlisten zu bringen.

Mit der These seines Buches stellte sich John F. Kennedy, der bei seinen Europareisen 1937 und 1939 die politischen Verhältnisse aus nächster Nähe beobachtet hatte, nicht explizit gegen die Position seines Vaters. Aber er wich doch von dessen isolationistischer Haltung ab. Und anders als ihr Vater, der sich im Ersten Weltkrieg erfolgreich um

Wenn sie mit einem Regierungssystem konkurriert, das sich nicht um Dauerhaftigkeit kümmert, einem System, das in erster Linie für den Krieg gedacht ist, so ist die Demokratie, die in erster Linie für den Frieden gedacht ist, im Nachteil.

John F. Kennedy, ›Why England Slept‹, 1940

die Einberufung gedrückt hatte, wollten John F. Kennedy und sein Bruder Joe dem Familiennamen auch im Krieg Ehre machen.

Der allein schon aufgrund seines Rückenleidens untaugliche Jack nutzte erneut seine Beziehungen, um nicht ausgemustert zu werden. Er wurde zunächst beim Office of Naval Intelligence in der Hauptstadt Washington eingesetzt. Von dort wurde er nach South Carolina versetzt, als eine Äffäre mit der aus Dänemark stammenden Journalistin Inga Arvad bekannt wurde, die unter Spionageverdacht stand. Die Arbeit beim Nachrichtendienst der Marine langweilte Leutnant Kennedy jedoch außerordentlich. Er wollte unbedingt auf einem Kriegsschauplatz eingesetzt werden. Nach einem erneuten längeren Krankenhausaufenthalt bewarb er sich erfolgreich um die Ausbildung zum Führer eines PT-Patrouillen-Torpedobootes. An der Schule für Seeoffiziere wollte man ihn gern als Ausbilder einsetzen, doch Kennedy erwirkte die Versetzung auf die Salomoneninseln im Pazifik – und wurde als Kommandant von Patrouillen-Torpedoboot 109 zum »Helden«.

Anders als es das populäre Bild suggerierte, waren die knapp 25 Meter langen PT-Boote wenig effektiv und wegen ihrer Holzbauweise leicht zu zerstören. Aufgrund ihrer hohen Verwundbarkeit wurden sie vor allem nachts eingesetzt. Kennedy bekam das Kommando über PT 109. In der Nacht vom 1. auf den 2. August 1943 wurde das Boot bei einem Einsatz von einem japanischen Zerstörer gerammt und in zwei Teile zerschnitten. Zwei Crewmitglieder starben, andere erlitten bei der Explosion des Tanks schwere Verbrennungen. Das Boot war zum Unter-

6 John F. Kennedy am Steuer von PT 109, 1943. Den Eingeborenen, die die gestrandete Crew fanden, gab Jack eine Kokosnuss mit, in die er eine Botschaft geschnitzt hatte: »NAURO ISL NATIVE KNOWS POSIT HE CAN PILOT 11 ALIVE NEED SMALL BOAT Kennedy.« Die Kokosnuss hatte später einen Ehrenplatz auf seinem Schreibtisch im Weißen Haus.

gang verdammt. Es ist viel gemutmaßt worden über das Versagen der Crew, die die herannahende »Amarigi« viel zu spät bemerkte und dem schwerfälligen Zerstörer nicht mehr ausweichen konnte. Allerdings war der gesamte Einsatz der PT-Boote schlecht koordiniert worden, und PT 109 besaß kein Radar zur Frühwarnung.

Am nächsten Tag gelang es der Mannschaft, die vergeblich auf die Hilfe anderer PT-Boote gewartet hatte, zu einer mehrere Kilometer entfernten kleinen Insel zu schwimmen. Kennedy, der ein hervorragender Schwimmer war, hatte den ganzen Weg einen Verletzten im Schlepptau. Aus Angst, von den Japanern entdeckt zu werden, schoss die Gruppe keine Leuchtsignale ab und versteckte sich vor herannahenden Flugzeugen, wohl auch vor den eigenen. Erst nach einer Woche wurden die Männer, die am Marinestützpunkt Rendova als verloren galten, gerettet. Eingeborene in Kanus hatten sie zuvor gefunden, und ein australischer Marinebeobachter hatte die Amerikaner informiert.

Die ›New York Times‹ berichtete auf der ersten Seite von der Rettung der Crew durch den Sohn des Botschaf-

John F. Kennedy: Eine Medizingeschichte
Jack Kennedy habe die Hälfte seiner Erdentage unter schweren Schmerzen gelitten, so sein Bruder Bobby im Rückblick. Und Lem Billings scherzte während der Studentenzeit, eine künftige Biografie seines engen Freundes sollte lauten: ›John F. Kennedy: Eine Medizingeschichte.‹

Bis heute sind fast alle Dokumente, die genauen Aufschluss über die Krankheiten Kennedys geben könnten, im Archiv der John F. Kennedy Library in Boston unter Verschluss. Erst 2002, 39 Jahre nach seinem gewaltsamen Tod, hatten ein Historiker und ein Arzt exklusiven Zugang zu einem großen Teil der Krankenakten. Trotz dieser Geheimhaltungspolitik konnte man auch zuvor schon ein einigermaßen zuverlässiges Bild von Kennedys vielen Leiden zeichnen. Doch sein Gesundheitszustand war noch viel schlechter als vermutet. Hinter der Fassade des jugendlich-strahlenden Mannes verbarg sich ein schwerst kranker Mann. Erst die tägliche Einnahme von bis zu zwölf verschiedenen Medikamenten wie Hydrokortison, Schmerzmittel, Testosteron, Antihistaminika, Schlafmitteln, Antidepressiva, Amphetamine und Antibiotika ermöglichte ihm ein halbwegs erträgliches Leben – und überhaupt das Überleben. Kennedy litt während seiner Amtszeit unter anderem an Lebensmittelallergien, schweren Durchfällen, hohem Fieber, Koliken, Schlaflosigkeit, Prostatabeschwerden und Harnweginfektionen, die wohl von früheren Geschlechtskrankheiten herrührten. In den 1940er-Jahren war bereits die Addisonsche Krankheit diagnostiziert worden. Diese Unterfunktion der Nebennierenrinde bewirkt durch eine Mangelproduktion von bestimmten Hormonen, den Steroiden, unter anderem eine Schwächung des Immunsystems. Erst seit den späten 1930er-Jahren stand mit dem Kortison ein Medikament als Hormonersatz zur Verfügung, das Kennedy unter anderem als Depotpräparat unter der Haut implantiert wurde. Zusätzlich musste Kennedy täglich Kortisontabletten einnehmen. Sein Zustand verbesserte sich dadurch deutlich, und er nahm sichtbar zu.

Seine schweren Rückenprobleme, deretwegen Kennedy mehrfach operiert wurde, blieben der Öffentlichkeit nicht verborgen. Aber als Präsident war er darauf bedacht, dass es möglichst keine Bilder von ihm mit Krücken mehr gab. Letztere drückte er oft im letzten Moment einem Bediensteten in die Hand, bevor sich die Tür öffnete und er mit seinem berühmten Lächeln in den Raum trat. Kennedys Ärzte verabreichten ihm Kodein, Methadon und andere Analgetika gegen die unerträglichen Schmerzen. Vor Pressekonferenzen oder anderen öffentlichen Auftritten erhielt er außerdem ein halbes Dutzend Novokain-Injektionen in den Rücken. Orthopädische Schuhe, Spezialmatratzen oder zumindest harte Unterlagen, heiße Bäder sowie ein Korsett, das er auch bei seiner Ermordung in Dallas trug, sollten ebenfalls Linderung verschaffen. Durch seine Ärztin Janet Travell, eine Pionierin der modernen Schmerztherapie, entdeckte Kennedy die wohltuende Wirkung von Schaukelstühlen, die künftig an allen seinen Aufenthaltsorten zu finden waren und das Kennedy-Bild mit prägten. Auch die Präsidentenmaschine Air Force One verfügte über einen zusammenklappbaren Schaukelstuhl.

Als im Präsidentschaftswahlkampf von 1960 Zweifel an Kennedys Gesundheitszustand aufkamen und innerparteiliche Gegner erstaunlich genaue Details über seine Krankheiten und die notwendigen Medikamente an Pressevertreter weitergaben, wurden ausführliche Gegendarstellungen veröffentlicht: »Senator Kennedy hat keine Addisonsche Krankheit. Er nimmt keine Medikamente. Er nimmt kein Kortison.« Bei früheren Problemen mit den Nebennieren habe es sich nicht um die »klassische« Addisonsche Krankheit gehandelt, sondern um Folgen von Malaria und anderen Infektionskrankheiten, die er sich im Krieg geholt habe. »Was seinen Rücken angeht, so haben die Erlebnisse von Senator Kennedy im Südpazifik während des Krieges eine alte Verletzung wieder hervorgerufen, die er sich beim Footballspielen zugezogen hatte.« Tatsächlich litt Kennedy unter Osteoporose, möglicherweise als Nebenwirkung der langen Einnahme von Steroiden. Nur unter Schmerzen konnte er seinen kleinen Sohn John hochheben, und es war ihm oft nicht möglich, sich selbst Socken und Schuhe anzuziehen.

7 Kennedy im Wahlkampf 1952: Damals zeigte er sich noch mit Krücken in der Öffentlichkeit.

Kennedys Ärzte, seine Familie und Freunde sowie die Kennedy Library beteiligten sich jahrzehntelang an den Vertuschungsversuchen und bestritten gegen alle Indizien seine schweren Krankheiten. Hätte die Öffentlichkeit 1960 seinen wahren Gesundheitszustand gekannt, wäre John F. Kennedy wohl nie Präsident geworden. Seine Leistungs- und Leidensfähigkeit, seine Zähigkeit und sein Wille verdienen großen Respekt. Doch zu Recht stellte die ›New York Times‹ Mitte November 2002 in einem Leitartikel angesichts der neuen Enthüllungen die Frage, ob es Zeiten gegeben habe, in denen Kennedy nicht in der Lage war, seinen Amtsgeschäften nachzugehen.

ters. ›Reader's Digest‹ übernahm John Herseys Version der Heldengeschichte, die zunächst im ›New Yorker‹ erschienen war, und verbreitete sie unter dem Titel »Survival« (Überleben). John F. Kennedy erhielt die Navy and Marine Corps Medal, die er wohl vor allem für seine fast selbstmörderischen Versuche verdient hatte, die Männer lebend nach Hause zu bringen. Nach weiteren Einsätzen auf einem anderen Boot zwangen ihn unerträglich gewordene Schmerzen zum Ausscheiden aus dem Dienst, und im Sommer 1944 unterzog er sich einer Rückenoperation.

Sein Bruder Joe hatte weniger Glück. Er gehörte als Marineflieger einer Eliteeinheit an. Vielleicht angetrieben von dem ewigen Wettstreit mit seinem Bruder, der bereits eine militärische Auszeichnung erhalten hatte, meldete sich Joe für eine riskante Mission. Am 12. August 1944 flog er in Richtung Frankreich, um vermutete Abschussanlagen deutscher V-Raketen auszuschalten. Wenige Minuten nach dem Start explodierte das schwer mit Bomben beladene Spezialflugzeug.

Der Schock innerhalb der Familie war groß. Das galt besonders für Joseph Kennedy. Jack stellte zum Andenken an seinen Bruder eine als Privatdruck erschienene Textsammlung unter dem Titel ›As We Remember Joe‹ zusammen. Sein Vater – mit seinem untrüglichen Instinkt für die öffentliche Inszenierung – erreichte, dass ein Zerstörer der Marine auf den Namen »Joseph P. Kennedy jr.« getauft wurde.

Nach dem Scheitern seiner eigenen hochfliegenden politischen Ambitionen hatte Joseph Kennedy umsomehr auf seinen ältesten Sohn gesetzt. Schon »Honey Fitz« hatte kurz nach dessen Geburt gegenüber der Presse von seinem

Es ist mir egal, selbst wenn es Pferdepisse wäre. Es hilft.

John F. Kennedy auf eine besorgte Nachfrage bezüglich der vielen Injektionen, die er bekam

Enkelsohn als künftigem amerikanischem Präsidenten gesprochen. Nach Joes Tod bestimmte Joseph Kennedy den Nächstgeborenen dazu, das Familienbanner nach Washington zu tragen. John F. Kennedy wehrte sich nur halbherzig gegen dieses Ansinnen, denn er selbst hatte bereits mit dem Gedanken gespielt, in die Politik zu gehen. Außerdem wusste er, dass sein übermächtiger Vater kein »Nein« akzeptieren würde. Und auch weil er selbst keine Niederlagen erdulden konnte und zum Sieger erzogen worden war, richtete John F. Kennedy kurz nach Ende des Zweiten Weltkriegs seine ganze Energie darauf, in der Politik nach oben zu kommen. Seine Familie war ein zentraler Baustein seines schier unaufhaltsamen Erfolges, und alle Kennedys packten in den kommenden Wahlkämpfen mit an. Doch bis zu einem Schlaganfall 1961 war Vater Joseph die dominierende Person. Rose bezeichnete ihren Mann rückblickend als »Architekt unseres Lebens«. Mit seinem Geld, seinen Beziehungen und seinem strategischen Geschick war er auch ein Architekt des politischen Lebens von John F. Kennedy.

Der Präsident wird gemacht

Als Korrespondent des Chicagoer ›Herald-American‹ konnte Jack Kennedy einer seiner großen Leidenschaften nachgehen und Augen- und Ohrenzeuge der internationalen Politik sein. Er schrieb über die Gründungsversammlung der Vereinten Nationen in San Francisco im Frühjahr 1945, reiste dann nach England, um über die anstehenden Parlamentswahlen zu berichten, und wurde von Marineminister Forrestal eingeladen, ihn zur Potsdamer Konferenz zu begleiten. Es war Vater Joseph, der seinem Sohn nach dem Ausscheiden aus der Navy diesen Job bei der zum Imperium des Verlegers William Randolph Hearst gehörenden Zeitung verschafft hatte. Doch der Journalismus sollte nur eine Zwischenstation sein.

Im Januar 1946 meldete Kennedy ein Apartment im Hotel Bellevue am State House von Boston als ersten Wohnsitz an. Das war ein unabdingbarer Schritt, um seine Kandidatur für den 11. Kongressdistrikt in Massachusetts zu erklären, den zuvor schon sein Großvater »Honey Fitz« gewonnen hatte. Im April trat Kennedy dann offiziell als Demokratischer Kandidat in dem von irisch- und italienischstämmigen Arbeitern geprägten Wahlkreis an.

Bereits in diesem ersten Wahlkampf werden die wichtigsten Elemente der Kennedyschen Siegesformel erkennbar: eine ausgeklügelte Wahlstrategie, der Einsatz vieler Familienmitglieder sowie einer großen Zahl freiwilliger

---

Potsdamer Konferenz
Auf der Potsdamer Konferenz im Juli und August 1945 schließen die Staatschefs der drei Siegermächte Sowjetunion (Stalin), USA (Truman) und Großbritannien (Churchill/Attlee) das Potsdamer Abkommen: Es beinhaltet die Errichtung eines Alliierten Kontrollrats, die Entmilitarisierung Deutschlands, die Zerschlagung der NSDAP, die Bestrafung der Kriegsverbrecher und die vorläufige Regelung der Grenzfragen sowie von Reparationen.

Helfer, die Dollars und Beziehungen Joseph Kennedys und nicht zuletzt der einnehmende Charme eines attraktiven jungen Kandidaten, eines Kriegshelden, der einen Generationswechsel und frischen Wind versprach.

Sein politisches Talent hatte John F. Kennedy anscheinend von seinen Vorfahren geerbt. Er kämpfte unermüdlich und hielt hunderte von Reden. Obwohl ihm Körperkontakt und Umarmungen zuwider waren, schüttelte er ungezählte Hände und schenkte den Menschen sein gewinnendes Lächeln. Die Attraktivität des jungen Kennedy beim weiblichen Geschlecht ausnutzend, wurden Tee-Partys organisiert, bei denen die Frauen dem Objekt der Begierde etwas näher kommen konnten. Die 600 000 Dollar für bedürftige Kinder in Boston, die er im Namen der Joseph-P.-Kennedy-jr.-Stiftung an Erzbischof Richard Cushing übergab, waren wohl mehr der klugen Wahlkampfstrategie als seiner sozialen Ader zu verdanken. Und damit auch jeder Wähler die PT-109-Heldengeschichte kannte, wurde der ›Reader's-Digest‹-Artikel hunderttausendfach verteilt.

»Die neue Generation bietet einen Führer«, lautete der Slogan, den Joseph Kennedy auf Plakate und Broschüren drucken ließ. Dass er sich für die Belange der vielen Kriegsheimkehrer einsetzen wollte, hatte Jack Kennedy auch als Vorsitzender einer nationalen Veteranenversammlung deutlich gemacht. Doch wohin er ansonsten führen wollte, blieb bis auf seinen entschiedenen Antikommunismus weitgehend unklar.

Eindrücke von Berliner Ruinen

Die Verwüstung ist vollständig. Unter der [sic] Linden und die Straßen sind relativ frei, aber es gibt nicht ein einziges Gebäude, das nicht ausgebrannt ist. In manchen Straßen ist der Gestank – süß und eklig von den toten Körpern – überwältigend.

Die Menschen haben alle völlig farblose Gesichter – ein Hauch von Gelb mit blassen gegerbten Lippen. Sie alle tragen Bündel. Niemand scheint zu wissen, wohin sie gehen. Ich frage mich, was sie tun.

Aus dem ›Europäischen Tagebuch‹
von John F. Kennedy vom 29. Juli 1945

Kongresssitz zu verkaufen
Keine Erfahrungen erforderlich
Bewerber muss in New York oder Florida leben
Bitte nur Millionäre.
Anzeige in Boston gegen Kennedy, 1946

Bei der Kongresswahl am 5. November hatten in Massachusetts vor allem die Republikaner Grund zum Jubeln. Doch gegen den landesweiten Trend fuhr der erst 29-jährige Demokrat Kennedy mit 60 000 zu 26 000 Stimmen seinen ersten triumphalen Wahlsieg ein. Dies war der Beginn seiner steilen politischen Karriere, die ihn über den Senat ins Weiße Haus führen sollte. Die Arbeit mit 434 anderen Abgeordneten im Repräsentantenhaus löste bei Kennedy jedoch wenig Enthusiasmus aus. Aufgrund von Krankheiten fiel er außerdem immer wieder aus. Kennedy war Mitglied der Ausschüsse für Bildung und Arbeit sowie für Veteranenangelegenheiten, unterstützte den öffentlichen Wohnungsbau und den Ausbau des Sozialstaates, sprach sich für höhere Mindestlöhne und Gewerkschaftsrechte aus und forderte eine liberalere Einwanderungspolitik. Außenpolitisch positionierte er sich als Kalter Krieger, stimmte für den Marshall-Plan und die Truman-Doktrin.

Nachdem sein Mandat im Repräsentantenhaus 1948 und 1950 klar bestätigt worden war, begann Kennedy seine Senatskandidatur vorzubereiten. Er besuchte jeden Winkel seines Heimatstaates, um sich den potenziellen Wählern vorzustellen, und er reiste nach Europa und Asien, um sich als außenpolitischer Experte zu erweisen. Der Kampf um einen der beiden Senatssitze von Massachusetts im Jahre 1951 stellte seine bis dahin größte politische Heraus-

Marshall-Plan (1947) und Truman-Doktrin (1947)
Mit dem nach dem damaligen amerikanischen Außenminister benannten Marshall-Plan wurden mehrere Milliarden Dollar zum Wiederaufbau Europas nach dem Zweiten Weltkrieg bewilligt. Dies sollte die Länder Westeuropas im beginnenden Kalten Krieg enger an die Vereinigten Staaten binden. Mit der Truman-Doktrin versprach der US-Präsident finanzielle und militärische Hilfe für Länder wie Griechenland und die Türkei, die er vom Kommunismus bedroht sah.

forderung dar. Dabei ging es gleich mehrfach um die Familienehre: Kennedys Großvater Honey Fitz hatte 1916 das Rennen gegen den Republikaner Lodge verloren, dessen Enkel Henry Cabot Lodge jr. – unterbrochen nur von seinem Kriegsdienst – seit 1936 im Senat saß. Die prominente Politikerfamilie gehörte außerdem zur Bostoner Oberschicht und hatte neureiche Aufsteiger wie die irisch-katholischen Kennedys nie als gleichwertig betrachtet. Jetzt bestand die Chance, es ihnen zurückzuzahlen. »Kennedy wird MEHR für Massachusetts tun«, verkündeten die Plakate und Broschüren.

8 Der junge Abgeordnete John F. Kennedy im House of Representatives, wo er von 1946 bis 1952 tätig war

Wieder war der Wahlkampf eine Familienangelegenheit der Kennedys, wieder lief die von Robert Kennedy geleitete Kampagne hoch professionell, zehntausende Freiwillige halfen voller Enthusiasmus, und nicht zuletzt standen wieder die finanziellen Ressourcen und Beziehungen von Joseph Kennedy zur Verfügung. Vermutlich kostete der Wahlkampf die Kennedys mehrere hunderttausend Dollar. Ein Kredit Joseph Kennedys an die in finanziellen Schwierigkeiten steckende ›Boston Post‹ soll die Zeitung dazu gebracht haben, zur Wahl seines Sohnes aufzurufen.

Mindestens ebenso entscheidend war die enorme Popularität John F. Kennedys. Statt der geforderten 2500 Unter-

Über die elitärsten Familien in Boston hieß es: »Die Lowells sprechen nur mit den Cabots, und die Cabots sprechen nur mit Gott.«

schriften für die Registrierung des Kandidaten waren eine Viertelmillion eingereicht worden. Alle Unterzeichner erhielten einen Dankesbrief. Bis zur körperlichen Erschöpfung kämpfte Kennedy in den nächsten Monaten um jede Stimme. In mehreren Debatten konnte er dem viel erfahreneren, aber zu siegessicheren Lodge Paroli bieten, denn die Unterstützung von Teilen seiner Partei fehlte. Erneut gewann Kennedy gegen den Republikanischen Trend im Staat mit 51,5 Prozent der Stimmen und rückte als einer von damals 96 Senatoren etwas mehr ins nationale Rampenlicht.

Das Interesse an dem jungen Senator richtete sich zu Beginn weniger auf seine politische Tätigkeit. Mitte Juni 1953

Massachusetts BRAUCHT einen Mann wie ihn als US-Senator:

ER DENKT KLAR
über die Probleme, die uns alle als Bürger von Massachusetts und den Vereinigten Staaten betreffen

ER SPRICHT EHRLICH
über wichtige Fragen, wenn sie auftauchen

ER HANDELT MUTIG
wenn es um nationale Interessen und um Ihre Interessen geht

ER DIENT TREU
den 4 000 000 Mitbürgern seines Commonwealth

ER FÜHRT FURCHTLOS,
wenn fehlende Führerschaft Konfusion und Trägheit bedeutet

9 Wahlkampfbroschüre aus dem Senatswahlkampf 1952: ›Massachusetts NEEDS a Man like this for U. S. Senator‹!

berichtete die ›Saturday Evening Post‹ z.B. auf mehreren Seiten ausführlich über den »lebenslustigen Junggesellen des Senats«. Doch zu diesem Zeitpunkt war Kennedy bereits vergeben. Kurz nach der Veröffentlichung des Artikels wurde offiziell bekannt gegeben, dass John F. Kennedy und Jacqueline Lee Bouvier im September heiraten wollten. Beide waren sich im Mai 1951 zum ersten Mal begegnet. Jackies Intelligenz und ihre Eleganz, ihre Zielstrebigkeit und ihr Kunstsinn hatten es Kennedy angetan. Seinen Heiratsantrag übermittelte er seiner künftigen Frau telefonisch nach London, wo sie für eine Zeitung über die Krönungszeremonie von Elisabeth II. berichtete. Die von der Regenbogenpresse zur Prominentenhochzeit des Jahres erklärte Vermählung fand dann am 12. September 1953 im Nobelort Newport in Rhode Island statt. Über tausend Gäste wohnten der Feier auf der Hammersmith-Farm von Jackies Stiefvater Hugh Auchincloss bei.

Im Washingtoner Stadtteil Georgetown kaufte das Paar ein Haus. Nach einer Fehlgeburt 1955 und einer Totgeburt im folgenden Jahr brachte Jackie Kennedy am 27. November 1957 eine gesunde Tochter zur Welt: Caroline. Seine Ehefrau und seine Tochter ließen Jack Kennedy reifer erscheinen und wurden ein wichtiger Bestandteil seines politischen Erfolges; das Bild einer glücklichen Familie wurde gezielt verbreitet, und die zwölf Jahre jüngere Jackie stand trotz der vielen Affären ihres Mannes treu zu ihm. Sie wurde nie eine enge politische Beraterin ihres Mannes, aber wie andere Familienmitglieder stellte sich Jackie Kennedy in Wahlkampfzeiten in den Dienst des Kandidaten, auch wenn ihr diese Rolle zuerst gar nicht behagte. Sie ge-

Kennedy gewann 1952 gegen Lodge mit knapp 71 000 Stimmen. Etwa 75 000 Frauen waren zu den **Tee-Partys** gekommen, weshalb es über Kennedy hieß: »Der Mann, der Henry Cabot Lodge in 75 000 Tassen Tee ertränkt hat.«

Er streift durch die Dünen am weiten Strand
Und träumt von der Zukunft und seinem Land (...)
Die Vergangenheit fordert und ruft ihn zur Tat.
Er weiß, er muß folgen, so schwer er's auch hat.
Er soll dienen und führen in kommender Zeit.
Das ist seine Pflicht, und er ist bereit.

Gedicht ›Jack Kennedy hat einen Traum‹ von Jackie Kennedy, Oktober 1953

wann jedoch zusehends an Sicherheit bei öffentlichen Auftritten und legte ihre Scheu vor Kameras ab, bis sie schließlich mit ihrer Wirkung selbst ihren Mann gelegentlich in den Schatten stellte. Für seinen Aufstieg sollte Jackie Kennedy ein Glücksgriff sein.

Auch im engeren politischen Bereich traf Kennedy die richtige Wahl. Als einen seiner neuen Mitarbeiter im Senat stellte er im Januar 1953 – zunächst für ein Jahr auf Probe – Theodore Sorensen ein. Dies sollte die vielleicht wichtigste Personalentscheidung seiner Karriere sein. Der 24-jährige Jurist prägte den berühmten Kennedy-Stil und mutierte im Laufe der nächsten zehn Jahre fast zu einem Alter Ego Kennedys. Sorensen konnte das in Worte fassen, was Kennedy zum Ausdruck bringen wollte. Er brachte Eleganz, Klarheit, Witz und einen Schatz an Zitaten und Anekdoten in Kennedys Reden und Texte und formulierte viele der später berühmten Sätze. Unter dem Namen des Senators verfasste er viele Aufsätze und Artikel für wichtige Zeitschriften. Vor allem Sorensen war es zu verdanken, dass Kennedy bald als »Intellektueller« wahrgenommen wurde. Sorensen wurde schließlich einer seiner engsten

Jack Kennedy unternahm mit Freunden eine **Vergnügungsreise** nach Europa, während seine hochschwangere Frau zu Hause zurückblieb. Auch als Jackie Kennedy im August 1956 eine Fehlgeburt erlitt, kehrte ihr Mann erst nach mehreren Tagen und auf Drängen von Freunden und Anraten seines Vaters zurück. Joseph Kennedy schärfte ihm ein, dass es für seine politische Karriere unabdingbar sei, die Ehe zu retten.

Berater und Freunde, und nach dem Tod Kennedys baute er mit am Mythos von »Camelot«.

Auch Sorensen muss rückblickend einräumen: »John Kennedy war keiner der großen Führer des Senats.« Er gehörte nicht dem Demokratischen Führungszirkel an und tat sich kaum durch besonderen Einsatz oder Gesetzentwürfe hervor. Das Abstimmungsverhalten des Senators war moderat konservativ, während er sich in seiner Rhetorik liberaler gab.

Das hatte auch mit seinen Krankheiten zu tun. Insgesamt lag er wegen seiner verschiedenen Leiden zwischen Frühjahr 1955 und Herbst 1957 neun Mal im Krankenhaus. Seine Kollegen nannten ihn deshalb manchmal auch »der abwesende Senator«. Kennedys Rückenprobleme waren im Laufe des Jahres 1954 so unerträglich geworden, dass er sich im Oktober entschloss, eine wegen seines Nierenleidens lebensgefährliche Operation auf sich zu nehmen. Nach dem Eingriff in einem New Yorker Krankenhaus fiel er kurzzeitig ins Koma. Wieder bangte die Familie um sein Leben, und ein Priester stand bereit, ihm die Sterbesakramente zu spenden. Eine weitere Operation verbesserte den Zustand kaum. Erst im Mai 1955 hatte Kennedy sich so weit erholt, dass er ins politische Geschäft zurückkehren konnte.

Im Senat gab es schon damals die ungeschriebene Vereinbarung, dass ein beispielsweise wegen Krankheit an der persönlichen Stimmabgabe verhindertes Mitglied seine Position kundtun kann. Ein Senator der Gegenseite verzichtet dann ebenfalls auf die Stimmabgabe, damit die unverschuldete Abwesenheit keine Auswirkung auf das

---

> Im Laufe der Jahre wußte ich genau, was er über jedes Thema dachte und was er darüber sagen wollte, und so wurden unser beider Stil und Sprache immer mehr eins.
>
> *Theodore Sorensen*

Abstimmungsergebnis hat. In einem entscheidenden Fall verzichtete Kennedy Ende 1954 auf das so genannte »Pairing« – und das sollte seinen Ruf in den Augen vieler Liberaler bis in den Präsidentschaftswahlkampf hinein schädigen.

Die Furcht vor dem Kommunismus und die Sorge, hinter die Kommunisten zurückzufallen, teilten damals breite Kreise in den USA. Im Jahre 1950 leitete Joseph McCarthy, ein Republikanischer Senator aus Wisconsin, eine regelrechte antikommunistische Hexenjagd ein. Mit falschen Vorwürfen, Übertreibungen und Lügen über die angebliche kommunistische Unterwanderung der Vereinigten Staaten vergifteten McCarthy und seine Mitstreiter in den Folgejahren nachhaltig das politische Klima, vernichteten die berufliche Existenz vieler Unschuldiger und trieben manchen in den Selbstmord. Erst als der eine Zeit lang fast unantastbare McCarthy sich 1954 mit der Armee anlegte, begann sein Stern zu sinken. Öffentliche Anhörungen zeigten ihn als skrupellosen, großspurigen Politiker. Schließlich stimmten auch viele seiner Parteigenossen dafür, ihn offiziell zu rügen. Kritisiert wurde allerdings nur, dass er das Ansehen des Senats beschädigt habe.

Sorensen hatte im August 1954 eine Stellungnahme für Kennedy vorbereitet. Der Senator hätte sich der Rüge angeschlossen, allerdings eher aus formalen Gründen. Diese Stellungnahme wurde jedoch nicht veröffentlicht. Kennedy war damit der einzige Demokrat, von dem am 2. Dezember 1954 kein Votum verzeichnet wurde. Laut Sorensen teilte Kennedy zwar nicht McCarthys Positionen, aber er kritisierte ihn auch nicht öffentlich. Sorensen

---

Senat und Repräsentantenhaus
Der amerikanische Kongress besteht aus zwei Kammern. Jeder Staat wählt unabhängig von der Einwohnerzahl zwei Senatoren für jeweils 6 Jahre. Der Senat muss internationale Verträge ratifizieren, der Ernennung von Richtern am Obersten Gerichtshof zustimmen und beschließt zusammen mit dem House of Representatives den Haushalt. Dessen 435 Abgeordnete verteilen sich gemäß der Einwohnerzahl auf die Einzelstaaten. Sie müssen sich alle 2 Jahre einer Wiederwahl stellen.

selbst übernahm die Verantwortung dafür, dass er für den aufgrund seiner Krankheit angeblich monatelang völlig unansprechbaren Kennedy kein Votum signalisiert hatte.

Später räumte er ein, dass Kennedy sehr wohl in der Lage dazu gewesen wäre. Doch dem Senator kam in diesem Falle sein krankheitsbedingtes Fehlen zupass. McCarthy war mehrfach bei der Familie in Hyannis Port zu Besuch gewesen, Robert Kennedy hatte eine Weile für ihn gearbeitet, Joseph Kennedy hatte McCarthys Wahlkampf finanziell unterstützt, und in Kennedys Wahlkreis war der ebenfalls irisch-katholische Senator aus Wisconsin sehr beliebt. Außerdem hatte McCarthy auf dem Höhepunkt seiner Popularität seinem Parteifreund Lodge die Hilfe im Senatswahlkampf verweigert. Hätte er John F. Kennedy attackiert, wäre 1952 wohl Lodge der Sieger gewesen.

Das innere Eingeständnis fehlenden Mutes in dieser Frage gab Kennedy wohl nicht die Idee für ein Buchprojekt, das er noch im Krankenbett beginnen sollte. Doch in ›Profiles in Courage‹ (dt. ›Zivilcourage‹) beschrieb er prominente amerikanische Politiker, die für eine einmal als richtig erkannte Position selbst unter Druck geraten waren und bei Gefährdung ihrer Karriere gekämpft hatten, also genau das, was er selbst zu tun versäumt hatte. Das im Januar 1956 veröffentlichte Buch wurde ein Bestseller, und im folgenden Jahr erhielt Kennedy den renommierten Pulitzerpreis für das beste Buch in der Kategorie »Biografie«. Seine Autorschaft wurde bereits kurz nach Erscheinen in den Medien angezweifelt. Damals drohte Kennedy mit Klagen und setzte sich durch. Er war auch sicherlich der Haupti-

John F. Kennedy, ›Profiles In Courage‹, 1956
Die Aussicht, den »exklusivsten Klub der Welt«, die hochinteressante Arbeit, den faszinierenden Schauplatz und die enormen Vollmachten eines Senators aufgeben zu müssen, bereitet selbst dem mutigsten Politiker schlaflose Nächte. Daher neigen manche Senatoren ganz unbewusst dazu, den leichteren, ungefährlicheren Weg zu gehen und ihr von der Meinung der Mehrheit der Wähler divergierendes Gewissen mit jener in Einklang zu bringen.

deengeber des Projektes, doch vieles spricht dafür, dass Sorensen und andere die meisten Recherchen durchführten und nur ein kleiner Teil des Manuskripts aus Kennedys Feder stammte. Wie bei allem, was John F. Kennedy in diesen Jahren gelang, sehen seine Kritiker erneut die Hand Joseph Kennedys am Werk, der das Preiskomitee zugunsten seines Sohnes beeinflusst haben soll.

In der amerikanischen Öffentlichkeit hatte John F. Kennedy spätestens jetzt die höheren Weihen als Intellektueller bekommen, und sein Blick richtete sich auf das Weiße Haus. Gegen die Warnungen seines Vaters setzte er sich in den Kopf, der nächste Vizepräsident zu werden. Doch das misslang 1956; zum Glück, wie sich zeigen sollte. Der liberale ehemalige Gouverneur von Illinois, Adlai Stevenson, war wie schon 1952 der Demokratische Favorit als Präsidentschaftskandidat. Joseph Kennedy hatte ihn in mehreren Wahlkämpfen unterstützt. Doch trotz der intensiven Lobbyarbeit der Kennedys wollte Stevenson nicht selbst den Kandidaten für das Vizepräsidentenamt auswählen, sondern die Delegierten des Nominierungsparteitages darüber entscheiden lassen. Der prominente junge Senator John F. Kennedy hatte mehrere große Auftritte in Chicago, zuerst als Erzähler des Parteitagsfilmes ›The Pursuit of Happiness‹ (Das Streben nach Glück), dann bei der Vorstellung Stevensons und schließlich – nach seiner Abstimmungsniederlage für das Vizepräsidentenamt –, als er die eigenen Unterstützer großmütig bat, nun seinen Rivalen Estes Kefauver einstimmig zu bestätigen. Innerlich war Kennedy schwer enttäuscht. Doch spätestens als Stevenson und Kefauver im November die Wahl klar gegen Ei-

Ich bin hier, um (…) den Demokraten von Missouri [oder Tennessee oder Minnesota oder Pennsylvania] meinen Dank auszusprechen. Wenn ich Ihre Stimmen für den Vizepräsidentenposten in Chicago bekommen hätte, hätte ich Estes Kefauver geschlagen – und meine politische Karriere wäre jetzt zu Ende.

Kennedy im Wahlkampf 1960

senhower und Nixon verloren, war offensichtlich, dass die Niederlage in Wahrheit ein Sieg für seine eigenen Ambitionen war, 1960 selbst für das höchste Amt zu kandidieren.

Kennedys Vorwahlkampf begann in gewisser Weise bereits 1956, als der populäre Politiker landesweit für die Demokratischen Kandidaten warb. Sein jüngerer Bruder Bobby reiste im Land umher und sammelte wichtige Erfahrungen in der Organisation und Durchführung eines nationalen Wahlkampfs. Die Kennedys und ihre Mitarbeiter knüpften Kontakte und bauten Schritt für Schritt ein Unterstützungsnetzwerk auf. Durch Weihnachtskarten, signierte Bücher, Einladungen und Ähnliches sollte das Wohlwollen vieler potenzieller Unterstützer erhalten werden. 1960 konnte Kennedys Wahlkampfteam auf eine Liste mit

10 Die Niederlage, die zum »Sieg« wurde. Kennedy und Unterstützer auf der Democratic Convention 1956

Kennedy hat ein Abstimmungsverhalten gezeigt, das ein wahres Kaufhaus ist, in dem fast jeder etwas finden kann, was ihm gefällt und was ihm nicht gefällt.

›Newsweek‹ vom 23. Juni 1958

den Namen von 70 000 wichtigen Parteiführern, Gewerkschaftern, Parteitagsdelegierten und Fundraisern zurückgreifen.

Seine überwältigende Wiederwahl in den Senat 1958 mit fast 74 Prozent der Stimmen bestärkte Kennedys Hoffnungen auf die Präsidentschaftskandidatur zwei Jahre später. Auch in nationalen Meinungsumfragen rangierte er unter den Favoriten. Und er war deutlich aktiver im Senat: Schon 1957 war er für sein Engagement im vorangegangenen Präsidentschaftswahlkampf mit einem Sitz im wichtigen Auswärtigen Ausschuss belohnt worden. Ein nach dem Vorsitzenden McClellan benannter Untersuchungsausschuss zum organisierten Verbrechen, der Korruption und Mafiakontakte bei der mächtigen ›Teamsters Union‹, der Gewerkschaft der Lastwagenfahrer, aufdeckte, bot ihm eine nationale Bühne. Die Fernsehzuschauer konnten ihn Seite an Seite mit seinem Bruder Robert, der als juristischer Berater des Gremiums fungierte, bei den hart geführten Befragungen etwa des berüchtigten Gewerkschaftsbosses Jimmy Hoffa erleben.

Am 2. Januar 1960 erklärte John F. Kennedy öffentlich, sich um die Präsidentschaftskandidatur der Demokratischen Partei zu bewerben. Die jahrelangen Vorarbeiten waren zuvor mit dem Aufbau einer Wahlkampforganisation und dem Kauf eines nach seiner Tochter »Caroline« be-

Vizepräsident Nixon und er seien nicht in Wisconsin, um Wahlkampf zu machen, sondern testeten im Auftrag des Gesundheitsministers die hiesigen Preiselbeeren: »Nun, wir haben sie beide gegessen, und mir geht es gut. Aber wenn ich sterben sollte, so in dem Gefühl, dem Land einen großen Dienst erwiesen zu haben, indem ich den Vizepräsidenten mit mir nehme.«

›Newsweek‹ im November 1959
über einen Wahlkampfauftritt Kennedys

nannten Convair-Privatflugzeuges intensiviert worden. Zu seinem Beraterteam gehörten mit John Kenneth Galbraith, Paul Samuelson, Walt Rostow und Arthur Schlesinger einige der führenden Politologen, Ökonomen und Historiker von Eliteuniversitäten der Ostküste. Auch dies belegt die besondere Anziehungskraft, die Kennedy bereits zu diesem Zeitpunkt auf Intellektuelle und Akademiker ausübte.

Kennedy hatte zwar während seiner Zeit im Senat an Ansehen gewonnen und war zu einer national bekannten Figur geworden, doch selbst viele Demokraten trauten ihm das Präsidentenamt nicht zu. Er hatte sich insgesamt im Kongress wenig hervorgetan und galt bei manchen als Playboy, der sich mit dem Geld seines Vaters – der zu den reichsten Männern des Landes gehörte – nun auch den Weg ins Weiße Haus erkaufen wollte. Seine Religionszugehörigkeit galt ebenfalls als Nachteil. Noch nie war ein Katholik ins Präsidentenamt gewählt worden und noch nie ein so junger Mann; nur ein einziges Mal war ein Senator

11 Robert und John F. Kennedy bei einer Sitzung des McClellan Committee, dem sie von 1957 bis 1959 angehörten

Jackie Bouvier Kennedy

Jacqueline Lee Bouvier wurde am 28. Juli 1929 in Southampton, New York, geboren. Die Vorfahren ihres Vaters waren im 18. Jahrhundert aus Frankreich in die Vereinigten Staaten gekommen. Anders als die Familienlegende behauptet, gehörten die Bouviers nicht zum Adel: Der Name bedeutet »Kuhhirte«. Ihre Mutter Janet Lee stammte aus einer englisch-irischen Familie.

12 Jack und Jackie beim Anschneiden der Hochzeitstorte, 12. September 1953

In der 1929 einsetzenden Depression verloren die Bouviers einen Großteil ihres Reichtums, den John Vernon Bouvier III. als erfolgreicher Börsenmakler an der Wall Street erwirtschaftet hatte. 1936 trennte sich Jackies Mutter auch wegen dessen vieler Affären von dem zunehmend alkoholabhängigen »Black Jack«. Nach ihrer Scheidung 1940 heiratete sie den Investmentbanker Hugh Auchincloss, der ihr, ihren Töchtern sowie den Kindern aus seinen beiden ersten Ehen ein Leben in großem Wohlstand bieten konnte. Jackie besuchte teure Privatschulen, nahm Ballettstunden und entwickelte schon früh eine Leidenschaft für Pferde. Sie gewann mehrere nationale Reitmeisterschaften.

Ihr geisteswissenschaftliches Studium an der Frauenhochschule Vassar, der Pariser Sorbonne und der George Washington University in der amerikanischen Hauptstadt schloss Jackie Bouvier mit einer Arbeit über französische Literatur ab. Bald darauf gewann sie mit ihren Essays den »Prix de Paris« der Modezeitschrift ›Vogue‹. Den Hauptpreis, eine einjährige Ausbildung in den Pariser und New Yorker Redaktionen, lehnte sie auf Drängen ihrer Familie ab. Ende 1951 bekam sie eine Anstellung bei der Washingtoner Zeitung ›Times-Herald‹. Als »fragendes ›Camera Girl‹« hatte sie eine regelmäßige Kolumne, für die sie Bürger Washingtons und prominente Politiker zu Tagesfragen interviewte – darunter auch den aufstrebenden jungen Abgeordneten aus Massachusetts. Am 20. Januar 1953 begleitete sie John F. Kennedy zur Amtsantrittsfeier von Präsident Eisenhower. Ihre Verlobung mit dem Börsenmakler John Husted hatte sie inzwischen gelöst.

Im Jahrbuch ihrer Abschlussklasse hatte Jackie Bouvier verkündet, keine Hausfrau werden zu wollen. Doch nach dem Heiratsantrag Kennedys kündigte sie ihre Stelle und wurde im Herbst 1953 die Frau an der Seite des Senators.

Zu Beginn der 60er-Jahre waren Jack und Jackie Kennedy das amerikanische Traumpaar schlechthin. Hinter den Kulissen führten vor allem Jacks zahllose Affären zu schweren Ehekrisen. Auch der extravagante Lebensstil seiner Frau war häufiger Anlass zum Streit, doch zum Glück gab es eine Adresse in New York, an welche die Rechnungen geschickt werden konnten. Wieder war es Joseph Kennedys Geld, das in schwierigen Situationen half.

Der Tod des Sohnes Patrick Bouvier Kennedy, der am 7. August 1963 mit Kaiserschnitt geboren wurde und nur 2 Tage später starb, führte die Eheleute wieder enger zusammen. Doch wenige Monate später folgte ein weiterer Schicksalsschlag, und mit 34 Jahren war Jackie Kennedy Witwe.

direkt ins Weiße Haus eingezogen. Wenn Kennedy Anfang 1960 als erste Wahl galt, dann meist für den zweiten Platz: das Vizepräsidentenamt.

Allen im Kennedy-Team war klar, dass es ein mühseliger Weg sein würde, das innerparteiliche Feld in den Vorwahlen bis zum Nominierungsparteitag in Los Angeles zu bereiten. Und so begann im März 1960 unter dem Kommando von Robert Kennedy im noch schneebedeckten Wisconsin das generalstabsmäßig vorbereitete Projekt »Kennedy for President«, das mit der Amtseinführung am 20. Januar 1961 im ebenfalls winterlichen Washington seinen glanzvollen Höhepunkt finden sollte.

Sie wuchs auf in einer sozialen Klasse, zu einer Zeit – den 1940er-Jahren – und an einem Ort – Newport, Rhode Island –, wo den jungen Damen beigebracht wurde, ihre Intelligenz zu verbergen, um die jungen Männer nicht abzuschrecken.

Arthur Schlesinger über Jackie Kennedy

Das agrarisch geprägte Wisconsin im Mittleren Westen der USA war kein Kennedy-Land, und der Kandidat aus dem fernen Massachusetts war noch nicht der strahlende Held, dem alle zujubelten. Begleitet von seiner Frau Jackie und seinen Geschwistern zog er wochenlang von einem Ort zum anderen, sprach vor oft abweisenden Versammlungen von Farmern und Gewerkschaftern in Scheunen und Schulaulen. Am frühen Morgen stand er frierend vor Werkstoren und begrüßte die Arbeiter. Kennedy liebte diese Form des Wahlkampfes nicht, doch es war der einzige Weg zum Erfolg.

Sein innerparteilicher Gegner Hubert Humphrey hätte den Staat Wisconsin gewinnen müssen, der an seine Heimat Minnesota grenzt, doch wieder sicherte die Formel aus sympathischem und überzeugendem Kandidaten, perfekter Wahlkampfmaschine, freiwilligen Helfern und großem Wahlkampfetat den Sieg am 5. April. Den Ausschlag für die 56 Prozent Kennedy-Stimmen hatten aber die katholischen Wähler und viele Republikaner gegeben, die sich ebenfalls an der Vorwahl beteiligen durften. So war das Ergebnis eher eine schwere Niederlage für Humphrey als ein überzeugender Sieg für Kennedy.

Als Nächstes zogen die Kandidaten nach West Virginia. Die Bevölkerung des armen, von der Krise der Kohleförderung besonders betroffenen Staates war fast ausschließlich weiß und protestantisch. Nur etwa 5 Prozent der Bürger bekannten sich zum Katholizismus. Zunächst hatte Kennedy in Meinungsumfragen klar vorn gelegen. Nach der Vorwahl in Wisconsin, als seine Religionszugehörigkeit zum Thema geworden war, war Humphrey an ihm

---

Den Leuten schien es völlig gleichgültig, daß ein Präsidentschaftskandidat bei ihnen Einkehr hielt. Er ging von einem Café in Phillips zum andern und wandte sich höflich an die vereinzelten Männer und Frauen, die da ihren Kaffee schlürften und ihre belegten Brote aßen. »Ich heiße John Kennedy«, sagte er. »Ich bewerbe mich um die Präsidentschaft in der Vorwahl.« Die Leute aßen in aller Ruhe weiter. Kurz nach 12 Uhr fuhr er aus dem kleinen Ort wieder heraus. Die Einwohner beachteten ihn nicht

vorbeigezogen. Doch wenn Kennedy hier der Sieg gelänge, wäre ihm auch landesweit ein Erfolg zuzutrauen.

Mehrere Wahlkampfteams waren gleichzeitig in verschiedenen Staaten aktiv, und so waren schon während der heißen Phase in Wisconsin die Vorbereitungen in West Virginia in vollem Gange. Humphrey stand wiederum viel weniger Geld als seinem Rivalen zur Verfügung. Er komme sich vor wie ein kleiner Einzelhändler, der gegen eine nationale Kette antrete, klagte er gegenüber der Presse. Schon damals gab es begründete Vorwürfe, der erneute Sieg für Kennedy sei auch mit Mafiageld erkauft worden. Doch selbst bei geringerem Geldeinsatz hätte der professionelle Wahlkampf der Kennedys wohl dasselbe Resultat gebracht, zumal der große Coup gelungen war, Franklin D. Roosevelt jr., den Sohn des in diesem Staate hoch verehrten Präsidenten, als Unterstützer zu gewinnen. Humphrey stieg nun aus dem Rennen um die Kandidatur der Demokraten aus, und Kennedy sammelte in den nächsten Monaten weitere Stimmen.

Beim Nominierungsparteitag in Los Angeles Mitte Juli 1960 war Kennedy der große Favorit. Um ausreichend Stimmen zu bekommen, musste er jedoch erst noch das Parteiestablishment von sich überzeugen. Das erschien umso schwieriger, als wenige Tage vor dem Parteitag ein Demokratisches Schwergewicht seine Kandidatur erklärte: Der Texaner Lyndon B. Johnson war seit 1955 der unangefochtene Mehrheitsführer im Senat. So mussten die Kennedy-Leute während der Convention Tag und Nacht Überzeugungsarbeit für ihren Kandidaten leisten; mit Erfolg. Kennedy erhielt schon beim ersten Wahlgang 806 von

mehr als den kalten Wind, der über die Dorfstraße fegte.

Der Journalist Theodor White über den ersten Tag des Vorwahlkampfes in Nord-Wisconsin im März 1960

1520 Stimmen, Johnson war mit 409 Stimmen klar abgeschlagen.

Mit einer großen Rede vor weit über 50 000 Zuhörern im ›Memorial Coliseum‹ von Los Angeles läutete der frisch gekürte Demokratische Präsidentschaftskandidat am 15. Juli die nächste, letzte Schlacht auf dem Weg ins Weiße Haus ein. Den Blick nach Westen gerichtet, von der untergehenden Sonne beschienen, nahm Kennedy Bezug auf den großen amerikanischen Historiker Frederick Jackson Turner. Wie Turner um die Wende zum 20. Jahrhundert, sah Kennedy die USA am Endpunkt einer Ära angekommen. Das orientierungslose Amerika habe seine historische Mission verloren. Viele hielten die Zeit der Pioniere für beendet; die »Frontier« sei verschwunden. Aber noch gebe es eine Vielzahl von Herausforderungen, Gefahren und Chancen in der Wissenschaft und im Weltall, in Krieg und Frieden, bei Problemen wie Unwissenheit, Vorurteilen und Armut: »Wir stehen heute an der Schwelle zu einer ›New Frontier‹ – der ›Frontier‹ der 1960er.« Kennedy forderte eine Rückbesinnung auf die alten Tugenden wie Erfindungsgeist, Innovations- und Entscheidungskraft, die Amerika groß gemacht hätten. Wie früher sollten alle für die gemeinsame Sache arbeiten: »Ich rufe jeden von euch dazu auf, ein Pionier der ›New Frontier‹ zu sein.«

Der Appell ließ die mitreißende, das Land nach vorn ziehende Kraft des charismatischen Politikers erahnen. »Der Mann für die 60er«, »Der neue Führer für die 60er«, »Zeit für Größe« waren entsprechend die Wahlkampfslogans. Das Aufbruchsignal für die junge Generation ging weit über die Vereinigten Staaten hinaus und wurde Teil

Frederick Jackson Turner (1861–1932) entwickelte mit der Frontier-These eine der bis heute einflussreichsten Interpretationen der amerikanischen Geschichte. Die Frontier sah er als den Ort, wo »Zivilisation« und »Wildnis« zusammentrafen. Das Leben an dieser Grenze und das Fortschreiten der Besiedlung nach Westen haben laut Turner die amerikanischen demokratischen Institutionen sowie den Nationalcharakter (z. B. Individualismus, praktische Veranlagung, rastlose Energie, eine gewisse Schroffheit, Freigebigkeit) geprägt.

des Kennedy-Mythos. Und die »New Frontier« wurde zu einem Label für Kennedys Reformprogramm.

Mit dem auch im Wahlkampfteam umstrittenen und kurzzeitig sogar zurückgezogenen Angebot an den unterlegenen Johnson, Kandidat für das Vizepräsidentenamt zu werden, war eine erste strategische Entscheidung gefallen. Johnson, dem viele liberale Demokraten misstrauten, sollte Stimmen im Süden holen. Nur mit Mühe gelang es Kennedy, die als moralische Instanz hoch angesehene Eleanor Roosevelt, die Witwe des früheren Präsidenten, und dessen Amtsnachfolger Harry Truman für sich einzunehmen. Roosevelt, die schließlich in einem Wahlkampfspot auftrat, hatte Kennedy sein langes Schweigen zu McCarthy nicht verziehen, und Truman hielt ihn für zu unerfahren.

Kennedys Gegenkandidat war der Republikaner Richard Nixon, der im Sommer in den Umfragen führte. Nixon hatte acht Jahre lang als Vizepräsident Dwight D. Eisenhowers breite Erfahrung auf der höchsten politischen Ebene gesammelt. Er hatte jedoch nie zum engsten Beraterkreis des Präsidenten gehört.

Nixons Kampagne stand von Beginn an unter keinem guten Stern. Nachdem die amerikanische Regierung den peinlichen Abschuss eines geheimen U2-Spionageflugzeuges am 1. Mai 1960 zunächst leugnete, sagte der russische Parteichef Nikita Chruschtschow ein geplantes Gipfeltreffen mit Eisenhower ab. Wenig hilfreich war auch die wohl ironisch gemeinte Antwort des Präsidenten auf eine Reporterfrage, welche Kabinettsentscheidung Nixon vorangetrieben habe: »Wenn Sie mir eine Woche Zeit lassen, fällt mir vielleicht eine ein.« Erst gegen Ende des Wahlkampfes

Man sah ihn sofort. Er hatte die tieforange Sonnenbräune eines Skilehrers, und als er die Menschenmenge anlächelte, waren seine Zähne erstaunlich weiß und aus einer Entfernung von fünfzig Yards klar erkennbar. (…) Die Demokraten würden einen Mann nominieren, der, egal wie ernsthaft er sich in den Dienst der Politik stellen will, unstreitig und wohl oder übel als großer Kinokassenstar angesehen wird.

Norman Mailer über den Nominierungsparteitag im Juli 1960

setzte sich Eisenhower voll für den Kandidaten seiner Partei ein.

Dass Kennedy am Ende knapp vorn liegen sollte, hatte nicht so sehr mit einem überzeugenden Programm zu tun oder damit, dass sich eine Mehrheit der Amerikaner einen Generationswechsel und den von Kennedy beschworenen Aufbruch wünschte, auch wenn all das eine Rolle spielte. Inhaltlich unterschieden sich Kennedy und Nixon nur wenig. Beide Kandidaten verkauften sich als Kalte Krieger. In Fragen der Innenpolitik drückten sie sich weitgehend um heikle Themen wie die Rassenfrage. Der in Charakterfragen angreifbare Nixon hatte hier aber durchaus moderate Positionen vertreten.

Kennedys Wahlkampagne beeindruckte wieder durch höchste Professionalität in der Organisation – die von vielen enthusiastischen jungen Freiwilligen profitierte – und in der Imagebildung. Es gelang insgesamt überzeugend, die Schwachpunkte des Kandidaten wie seinen Katholizismus und seine fehlende Regierungserfahrung zu entkräften und seine Stärken, vor allem seine Ausstrahlung und seine Fernsehtauglichkeit, voll auszuspielen.

Große Teile des protestantischen Amerikas wollten keinen Katholiken als Präsidenten. Sie warnten, mit einem Einzug Kennedys ins Weiße Haus wäre es mit der Unabhängigkeit und Liberalität der Vereinigten Staaten vorbei, denn dann hätte der Papst das Sagen im Lande. Antikatholische Presseartikel, Broschüren und Karikaturen mal-

Im einen Moment schien er älter als in Wirklichkeit, achtundvierzig oder fünfzig, ein großer, schlanker, sonnenverbrannter Professor mit einem angenehm wettergegerbten Gesicht, nicht mal besonders gut aussehend; fünf Minuten später, (...) zur Presse sprechend, vor sich drei Mikrophone, eine laufende Fernsehkamera, hatte seine Erscheinung eine Metamorphose durchlaufen, er sah wieder wie ein Filmstar aus, seine Gesichtsfarbe kräftig, sein Stil großartig, seine Gesten ausgeprägt und schnell, voll von der Ansammlung an Vitalität, die ein erfolgreicher Schauspieler immer auszustrahlen scheint.

Norman Mailer über den Nominierungsparteitag im Juli 1960

ten den Präsidenten als Marionette des Papstes, der das Amtssiegel durch die Bischofskrone ersetzt hatte und die Protestanten mit Peitschenhieben zum Gehorsam zwang. Das Wahlkampfteam entschloss sich schließlich, das Thema offensiv anzugehen. Eine große Versammlung protestantischer Priester in Houston bot dem Kandidaten am 12. September 1960 ein Podium, die Angriffe zurückzuweisen. Kennedy nutzte diese Chance auf brillante Weise. Er bekannte sich zur uneingeschränkten Trennung von Kirche und Staat. Der Amtseid gelte nicht einer religiösen Gemeinschaft, sondern Amerika, das für Religionsfreiheit stehe, für das er im Südpazifik gekämpft habe und für das sein Bruder in Europa gestorben sei. Damals habe niemand ihren Patriotismus und ihre Loyalität infrage gestellt. Heute sei er selbst ein mögliches Opfer religiöser Intoleranz, schon bald könne es ein Jude, ein Quäker oder ein Baptist sein. Damit war Kennedys Katholizismus zwar als öffentlicher Angriffspunkt entkräftet. Doch wie sich am Wahltag zeigen sollte, verloren die Demokraten im Vergleich zu 1956 dennoch deutlich bei der protestantischen Wählerschaft.

Nixon gelang es im Wahlkampf kaum, aus seiner größeren politischen Erfahrung Kapital zu schlagen. Besonders das Fernsehen bot Kennedy die Chance, sich als kompe-

13 Ein Präsidentschaftskandidat zum Verlieben: Schmachtende Anhängerinnen im Wahlkampf 1960

tent und seriös darzustellen. Von entscheidender Bedeutung waren dabei die live ausgestrahlten Debatten mit Nixon, vor allem die erste. Fast 90 Prozent der Amerikaner hatten damals ein Fernsehgerät, und für die Mehrheit war es das Hauptinformationsmedium. Um die enorme Bildschirmwirkung Kennedys wissend, nutzte sein Team im Wahlkampf jede Möglichkeit, ihn ins Fernsehen zu bringen. Die insgesamt vier Debatten boten den Zuschauern nun einen direkten Vergleich der beiden Präsidentschaftskandidaten. Ein eigens dafür verabschiedetes Gesetz hob den Zwang für Fernsehstationen auf, allen Aspiranten auf das Präsidentenamt gleich viel Sendezeit zu gewähren, so dass nur die Kandidaten der beiden großen Parteien zum Duell antraten.

Wer meint, bei der damals neuen Form der politischen Auseinandersetzung sei vieles noch improvisiert und unkompliziert gewesen, irrt gewaltig. Die Stäbe von Nixon und Kennedy stritten lange über die Zahl und das Format der Debatten, über die Länge der Antworten, die Möglichkeit zur Replik, die Beleuchtung und die erlaubten Bildschnitte. Zum Teil versuchten sie noch während der laufenden Debatten, zum Vorteil des eigenen Kandidaten einzugreifen. Doch Nixon nützte das alles nichts. Für ihn geriet die erste Debatte zum Fiasko, das von vielen später zum Wendepunkt des Wahlkampfs erklärt wurde.

Um 20.30 Uhr am 26. September 1960 begrüßte Howard K. Smith vom Sender CBS im Studio in Chicago die bei-

Everyone is voting for Jack
'Cause he's got what all the rest lack

Everyone wants to back – Jack
Jack is on the right track.
'Cause he's got high hopes
Nineteen Sixty's the year for his high hopes.

Come on and vote for Kennedy
Vote for Kennedy
And We'll come out on top!
Oops, there goes the opposition – KERPLOP!

den Kandidaten sowie geschätzte 60 Millionen Fernsehzuschauer im ganzen Land zu einer Premiere. Bei der ersten der »Great Debates« sollte es um die Innenpolitik gehen. Kennedy nahm eines seiner zentralen Wahlkampfthemen auf und kritisierte den angeblichen nationalen Stillstand, der dazu geführt habe, dass die USA im Wettstreit mit der Sowjetunion immer weiter zurückfielen: »Es ist Zeit, dass Amerika wieder anfängt, vorwärts zu schreiten.« In Sachfragen wurden nur wenige Unterschiede deutlich. Der eher defensiv agierende Nixon stimmte sogar mehrfach explizit seinem Gegner zu, betonte Gemeinsamkeiten in den Zielen bei manchmal unterschiedlichen Wegen. Indem er inhaltlich gegen den langjährigen Vizepräsidenten bestand, hatte Kennedy bereits einen ersten Sieg errungen.

Doch viel wichtiger war das Image, das er transportieren konnte. Der sonnengebräunte Kennedy punktete durch sein selbstsicheres und konzentriertes Auftreten. Er ging klug auf Nixon ein, sprach die Zuschauer vor den Bildschirmen direkt an und wirkte fast staatsmännisch. Nixon dagegen hatte sich noch nicht ganz von einer Krankheit erholt. Er wirkte müde, seine Augen bewegten sich nervös, Schweißperlen waren sichtbar. Sein schlechtes Make-up, verstärkt durch eine ungünstige Ausleuchtung, ließ ihn unrasiert erscheinen. Die später von Republikanischer Seite geäußerten Vorwürfe, CBS habe Nixon bewusst schlechter aussehen lassen, waren jedoch unbegründet. Nixons Berater waren bis ins Detail an den Vorbereitungen beteiligt.

K--E--DOUBLE N--E--D--Y
Jack's the nation's favorite guy

Everyone wants to back – Jack …

Come on and vote for Kennedy
Vote for Kennedy
Keep America strong.
Kennedy, he just keeps rollin' along.

Wahlkampfsong ›High Hopes‹ von Frank Sinatra

Es nützte dem Republikaner nichts, dass die Radiohörer ihn besser fanden als Kennedy und dass er in den folgenden drei Debatten wieder Boden gutmachte. Es waren die Bilder der ersten Debatte, die haften blieben und Kennedy in den Meinungsumfragen zum Sieger machten. Nixon wirkte persönlich und politisch wie ein Auslaufmodell gegen den jugendlichen Kennedy, obwohl er nur vier Jahre älter war. Viele Wähler gaben später an, die Fernsehdebatten seien entscheidend gewesen für ihre Wahl, und davon hatte vor allem Kennedy profitiert. Die Menschenmengen bei seinen Wahlkampfauftritten stiegen nach der ersten Debatte sprunghaft an. Doch das allein hätte wohl nicht gereicht; weitere Bausteine zum Wahlsieg waren nötig.

Eine gute Gelegenheit bot sich kurz vor dem Wahltermin. Der prominente schwarze Bürgerrechtler Martin Luther King jr. wurde am 25. Oktober aufgrund fadenscheiniger Anschuldigungen in Georgia zu vier Monaten Zwangsarbeit im Straßenbau verurteilt. Nicht nur seine schwangere Frau Coretta sorgte sich ernsthaft um das Leben ihres Mannes. Richard Nixon drückte sich um eine öffentliche Stellungnahme, und auch Kennedy zögerte zunächst, Position zu beziehen. Die Mehrheit seines Beraterteams war besorgt, dass dies zu viele Stimmen im Süden kosten könne. Im Kongress hatte Kennedy zwar für die Bürgerrechtsgesetze gestimmt, aber nie für die radikalste Variante, um so auch für die Südstaatler wählbar zu bleiben. Seinem politischen

Den Dingen, die Senator Kennedy gesagt hat, können viele von uns zustimmen.

Ich unterstütze ohne Einschränkung die Absicht, die Senator Kennedy heute zum Ausdruck gebracht hat.

Ich stimme der Einschätzung Senator Kennedys an diesem Punkt weitgehend zu.

Ich stimme Senator Kennedy in diesem Punkt uneingeschränkt zu.

Richard Nixon gelingt es in der ersten Fernsehdebatte am 26. September 1960 nur ungenügend, sich von dem demokratischen Präsidentschaftskandidaten abzugrenzen.

Instinkt folgend und von seinen Bürgerrechtsberatern bedrängt, entschloss er sich am 26. Oktober zu einem kurzen Telefongespräch mit Kings Frau, in dem er ihr sein Mitgefühl ausdrückte und Hilfe anbot. Später wurde bekannt, dass sein Bruder Robert sich beim zuständigen Richter direkt für King verwendet hatte, der am nächsten Tag nach Zahlung einer Kaution freigelassen wurde.

Kings Vater, der zuvor Nixon unterstützt hatte, sprach sich jetzt wie viele Gleichgesinnte für Kennedy aus. Diese überraschende Wende wurde im Wahlkampf ausgeschlachtet, ohne allerdings die weißen Wähler im Süden zu provozieren. Statt eine Pressekonferenz abzuhalten oder Anzeigen in Tageszeitungen zu schalten, wurde kurzfristig ein Pamphlet mit Zitaten prominenter Schwarzer zum Anruf Kennedys bei Coretta King gedruckt. Die wegen des ver-

14 Das berühmte erste Fernsehduell zwischen John F. Kennedy und Vizepräsident Richard Nixon, seinem republikanischen Gegenkandidaten, gilt als wichtiger Meilenstein für Kennedys Wahlsieg im November 1960.

wendeten Papiers intern als »blaue Bombe« titulierte Schrift wurde am Sonntag vor der Wahl in einer Auflage von zwei Millionen Exemplaren vor Kirchen in schwarzen Stadtvierteln verteilt. Kennedy war fast über Nacht zu einem glaubwürdigen Vertreter der Bürgerrechte für Schwarze geworden, was sich deutlich in Wählerstimmen ausdrückte. Hatten die Demokraten 1956 nur etwa 40 Prozent der schwarzen Wählerstimmen erhalten, bekam Kennedy nun 70 Prozent.

Fast 70 Millionen Amerikaner – mehr als jemals zuvor – gingen am Dienstag, dem 8. November, zur Wahl. Es sollte eine lange Nacht werden, und erst am nächsten Morgen stand der Sieger fest. John F. Kennedy verfolgte im Kreis seiner Familie in Hyannis Port, wie die Ergebnisse für die einzelnen Staaten im Fernsehen verkündet wurden. Er selbst ging um 4 Uhr früh zu Bett. Als er am Morgen erwachte, wurde ihm die Nachricht überbracht, dass mit dem Sieg in Kalifornien auch die Präsidentschaft gewonnen sei. Zwar ging dieser Staat durch die vielen erst später ausgezählten Briefwählerstimmen doch noch an Nixon, dennoch hatte Kennedy die Wahl mit der Mehrheit der Elektoren für sich entschieden. Nixon hatte zwar in mehr Einzelstaaten gewonnen, doch Kennedy lag in vielen bevölkerungsreichen Staaten vorn. Landesweit hatte er 49,9 Prozent der abgegebenen Stimmen erhalten – nur etwa 113 000 Stimmen mehr als Nixon. Schon geringe Stimmenverschiebungen in Einzelstaaten hätten ein anderes Ergebnis bewirkt.

Vor allem in Texas, wo der Vorsprung der Demokraten 46 000 Stimmen betrug – und wo schon früher Lyndon

Dr. Martin Luther King jr.: »Ich bin tief in der Schuld von Senator Kennedy (...) Es kostete Senator Kennedy viel Mut das zu tun, vor allem in Georgia (...) Ich bin überzeugt, er wird versuchen, seine Macht im Amt dafür einsetzen, die Bürgerrechtspunkte des Wahlprogramms seiner Partei komplett umzusetzen.«
Aus der Broschüre ›'Kein Kommentar' – Nixon gegen einen Kandidaten mit Herz, Senator Kennedy: Der Fall Martin Luther King‹, 1960

Johnson zum eigenen Vorteil Wahlen manipuliert hatte –, und in Illinois – wo sogar nur 9000 Wähler den Ausschlag gegeben hatten – wurden Fälschungsvorwürfe gegen die Demokraten laut. Sie sind bis heute nicht völlig von der Hand zu weisen. In mindestens neun weiteren Staaten wurden die Auszählungen ebenfalls angezweifelt. In Chicago, wo die Demokratische Parteimaschine unter Bürgermeister Richard Daley verdächtigt wurde, in Zusammenarbeit mit der Mafia Kennedys Wahlsieg durch Unregelmäßigkeiten bei der Auszählung, durch Wahlfälschungen und Stimmenkauf herbeigeführt zu haben, wurde Anklage erhoben. Tatsächlich wurden Fehler und Manipulationen festgestellt, doch die angerufenen Gerichte stellten keine systematischen Verstöße fest und wiesen die Klage der Republikaner ab. In Texas scheiterte ein ähnlicher Versuch, das Ergebnis anzufechten.

In der öffentlichen Berichterstattung spielten die Vorwürfe der Wahlfälschung auch deshalb nur eine geringe Rolle, weil sich Nixon offiziell nicht hinter die Anfechtungen stellte. Im vertrauten Kreis jedoch klagte er darüber, dass die Kennedys ihm die Präsidentschaft gestohlen hätten. Doch Nixon schätzte zu Recht seine Erfolgsaussichten als sehr gering ein. Außerdem wollte er nicht als schlechter Verlierer dastehen und auch keine Verfassungskrise verursachen, welche die USA international schwächen konnte. Es gab aber sicherlich noch ein weiteres Motiv, denn bei einer umfassenden Untersuchung hätten auch Manipulationen zugunsten der Republikaner aufgedeckt werden können.

Mit der Abgabe der Elektorenstimmen am 19. Dezember wurde John F. Kennedy offiziell zum 35. Präsidenten der

Die Elektoren

In den USA wird der Präsident nicht direkt vom Volk gewählt, sondern von Elektoren. Der Kandidat, der die meisten Stimmen in einem Einzelstaat auf sich vereinen kann, erhält i. d. R. alle Elektorenstimmen dieses Staates. Deren Zahl entspricht der jeweiligen Zahl der Abgeordneten im Repräsentantenhaus plus der beiden Senatoren. Es kann deshalb wie bei der Präsidentschaftswahl im Jahre 2000 der Fall sein, dass ein Kandidat weniger Wählerstimmen erhält, aber mit der Mehrheit der Elektorenstimmen zum Präsidenten gewählt wird.

Vereinigten Staaten gewählt. Er bekam 303 Stimmen, Nixon 219. Kennedy war sich bewusst, dass das Regieren schwierig werden würde. Weniger als die Hälfte der Wähler hatte ihm das Vertrauen ausgesprochen, und so besaß er kein wirkliches Mandat für seine Politik. Im Kongress gab es zwar weiterhin klare Demokratische Mehrheiten, doch es war zu erwarten, dass ein Machtblock aus Republikanern und konservativen Demokraten der Südstaaten allzu weitgehende Reformen verhindern würde.

Camelot

Mit dem Einzug der Kennedys veränderte sich das altehrwürdige Weiße Haus in vielerlei Weise und gewann an Bedeutung. Es war nicht mehr nur der Amtssitz des amerikanischen Präsidenten, sondern Forum für glanzvolle Empfänge und Kulturereignisse höchster Güte sowie Wohnhaus der »First Family«. Dabei spielte Jackie Kennedy eine wichtige und manchmal entscheidende Rolle. Als Mutter, Hausherrin und Gastgeberin formte sie das öffentliche Bild der Familie. Das Weiße Haus wurde zum politischen und kulturellen Zentrum eines stolzen Landes; hier residierte ein königliches Paar, das sich auf Inszenierungen verstand. Den Anfang machte die »Krönungszeremonie« für John F. Kennedy.

Am Abend zuvor hatte ein Schneesturm den Verkehr in Washington zum Erliegen gebracht. Zwar war der Himmel am 20. Januar 1961 wieder klar, doch die wartende Menschenmenge war bei Minusgraden einem kalten Wind ausgesetzt. Ein Mensch schien dem frostigen Klima zu trotzen: Bei seiner Vereidigung zum 35. Präsidenten der Vereinigten Staaten, die um 12.51 Uhr vom Obersten Bun-

Nach der Ermordung ihres Mannes gab Jackie Kennedy dem Journalisten Theodore White ein Interview. Darin erzählte sie von einer Aufnahme des Musicals ›Camelot‹ über den Hof des mythischen König Artus, die ihr Mann und sie abends oft gehört hatten:

Das Lied, das er am liebsten hörte, kam ganz am Ende dieser Schallplatte. Die Zeilen, die er so gern hörte, waren:

»Don't let it be forgot
that once there was a spot
for one brief shining moment
that was known as Camelot.«

Whites Nachruf auf Kennedy erschien am 6. Dezember 1963 im Magazin ›Life‹. Er griff bereitwillig Jackie Kennedys Deutung auf, dass es diesen magischen Moment, dass es »Camelot« gegeben habe.

desrichter Earl Warren vorgenommen wurde, trug John F. Kennedy weder Hut noch warmen Mantel. Hinter ihm saßen frierend seine weit älteren Vorgänger Truman und Eisenhower.

Die Amtseinführung hatte in mehrfacher Hinsicht Symbolkraft. Sie signalisierte unübersehbar den von dem erst 43-jährigen, jugendlichen Kennedy im Wahlkampf beschworenen Generationswechsel. Die 1950er-Jahre, und damit die Ära Eisenhower, endeten mit einem – wenn auch wetterbedingten – Stillstand in der Hauptstadt. Dies wirkte wie die nachträgliche Bestätigung einer Wahlparole der Demokraten: Amerika müsse endlich aus dem Zustand der Erstarrung befreit werden.

Das Bild, das John F. Kennedy an diesem kalten Januartag vermitteln wollte, war eines der Härte und Zähigkeit: Er werde die neuen Herausforderungen annehmen und sich als Führer der westlichen Welt von niemandem in die Knie zwingen lassen. Seine Antrittsrede – gehalten in der Hochphase des Kalten Krieges – hatte vor allem die Außenpolitik zum Inhalt. Hier zeigte sich bereits die Januskköpfigkeit Kennedys: auf der einen Seite die Bereitschaft, mit der Sowjetunion zu verhandeln, auf der anderen Seite Unnachgiebigkeit. Man werde jeden Preis zahlen, so der neue Präsident, die »Freiheit« überall auf der Welt gegen die Kommunisten zu verteidigen – wenn nötig mit Waffengewalt.

Mit der von Ted Sorensen verfassten ›Inaugural Address‹ knüpfte Kennedy an seine große »New Frontier«-Rede an und appellierte mit den berühmten Worten an die Opferbereitschaft seiner Landsleute: »Frage nicht, was dein Land

---

Alle Völker, seien sie uns wohlgesinnt oder nicht, sollen wissen, daß wir jeden Preis zahlen, jede Last tragen, jede Mühsal in Kauf nehmen, jedem Freund beistehen und jedem Feind entgegentreten werden, um die Fortdauer und den Sieg der Freiheit zu sichern.

Aus der Antrittsrede am 20. Januar 1961

für dich tun kann – frage, was du für dein Land tun kannst.« Die großen Menschheitsprobleme könnten sicherlich nicht innerhalb von einer Generation gelöst werden, so der Präsident, aber: »Laßt uns beginnen!« Ob er selbst bereit war, Opfer zu bringen und »jeden Preis zu zahlen«, um inneramerikanische Probleme wie die Bürgerrechte für Schwarze anzugehen, ließ Kennedy offen. Kontroverse innenpolitische Themen kamen in der Antrittsrede nicht vor.

Wieder einmal hatte Kennedy fast alle Seiten zufrieden gestellt. Den »Falken« hatte er mit Parolen des Kalten Kriegs gehuldigt, den »Tauben« entspannungspolitische Initiativen angeboten. Konservativen nahm er die Furcht vor zu vielen Veränderungen, Liberale priesen den Aufbruchsgeist, den die neue Administration ausstrahlte.

Kennedy war der jüngste Präsident, der ins Weiße Haus gewählt wurde, und er versammelte eine hochkarätige Regierungsmannschaft um sich, ergänzt um einige herausragende Experten in Beraterpositionen. Robert S. McNamara, der zuvor Vorstandschef von Ford gewesen war, wurde Verteidigungsminister. Von der Rockefeller-

15 Kennedy legt den Amtseid ab.

Stiftung wechselte Dean Rusk an die Spitze des Außenministeriums. Der angesehene Douglas Dillon, ein Republikaner, der bereits der Eisenhower-Regierung angehört hatte, bekam das Finanzressort. Die wohl heikelste Ernennung war die von Robert Kennedy zum Justizminister. Vater Joseph, der sich von nun an im Hintergrund hielt, um Gerüchten über eine Einflussnahme auf den Präsidenten keinen Vorschub zu leisten, hatte sich mit diesem Personalvorschlag durchgesetzt. Weder Anhänger der Rassentrennung noch Farmer, Frauen oder Schwarze gehörten dem Kabinett an, dessen Durchschnittsalter zehn Jahre unter dem des vorherigen lag.

Mit Kennedy zog ein anderer Regierungsstil in Washington ein. Das Kabinett verlor als Gremium an Bedeutung. Sitzungen fanden kaum noch statt. Stattdessen bestimmten häufig von loyalen Mitarbeitern und Beratern dominierte Kommissionen und Ad-hoc-Arbeitsgruppen sowie der Nationale Sicherheitsrat die Politik. »Task Forces« hatten seit der Wahl im November verschiedenste Themenbereiche bearbeitet und Vorschläge entwickelt, auf die nun zurückgegriffen werden konnte. Bis zu den ersten schweren Rückschlägen im Frühjahr 1961 verbreiteten die »best and brightest«, die Besten und Klügsten, in vielen Fluren Washingtons einen an Selbstüberschätzung grenzenden Optimismus und Tatendrang: Jetzt, wo endlich die richtigen Männer in Washington an den Schalthebeln der Macht säßen, gebe es keine unlösbaren Probleme mehr.

Kennedy und sein Wahlkampfteam hatten sich bereits als Meister der Inszenierung gezeigt, und daran knüpften

---

Alte und neue Generation

Das Alter führender Staatsmänner am 20. Januar 1961:

Konrad Adenauer (Bundesrepublik): 85 Jahre

Dwight D. Eisenhower (USA): 70 Jahre

Charles de Gaulle (Frankreich): 70 Jahre

Mao Tse-tung (China): 67 Jahre

Harold MacMillan (Großbritannien): 66 Jahre

Nikita Chruschtschow (Sowjetunion): 66 Jahre

John F. Kennedy (USA): 43 Jahre

sie nach dem 20. Januar 1961 nahtlos an. Ebenso wie sie zuvor neue Maßstäbe für einen modernen, mediengerechten Wahlkampf gesetzt hatten, gelang ihnen jetzt eine ausgeklügelte und höchst effektive Präsentation des Präsidenten und seiner Botschaft. Medienvertreter erhielten in einem bislang ungekannten Ausmaß Zugang zum Weißen Haus. Einige Journalisten genossen besondere Privilegien, solange sie sich an die Spielregeln hielten und nicht zu kritisch berichteten. In außenpolitischen Krisen griff Kennedy mehrfach selbst zum Telefon, um Chefredakteure oder Herausgeber dazu zu bewegen, bestimmte Nachrichten zu unterdrücken, die aus seiner Sicht die nationale Sicherheit gefährdet hätten.

Gegen viele Skeptiker hatte Pressesekretär Pierre Salinger den neuen Präsidenten davon überzeugen können, seine regelmäßigen Pressekonferenzen von Beginn an live vor Fernsehkameras abzuhalten. Einige von Kennedys Beratern hatten befürchtet, dass unbedachte oder fehlerhafte Äußerungen des Präsidenten zu Komplikationen führen könnten. Zeitungsreporter hatten diese Neuerung bekämpft aus Angst davor, dass ihnen die Fernsehnachrichten künftig den Rang abliefen. Beide Seiten hatten Unrecht.

Das Interesse an politischer Berichterstattung nahm in diesen Jahren zu. Die Zahl der Journalisten, die aus dem Weißen Haus berichteten, vervielfachte sich, und beginnend mit NBC verlängerten die großen Fernsehsender ab 1963 die Abendnachrichten von 15 auf 30 Minuten. Am

Er ist eher ein guter Katalysator und Konsument der Ideen und Gedanken anderer, kein Schöpfer unabhängiger oder origineller Ideen. Entsprechend mißt Kennedy der Institution der Berater, die konsultiert werden, um interessante Ideen vorzuschlagen oder detaillierte Reports zu verschiedensten Problemen zu erarbeiten, viel Bedeutung bei, aber er behält sich bei wichtigen Problemen die letzte Entscheidung selbst vor und vertraut dies nicht seinen Untergebenen an.

Profil des Präsidentschaftskandidaten John F. Kennedy von der russischen Botschaft in Washington an Chruschtschow, August 1960

23. Juli 1962 übermittelte der Satellit »Telstar« die erste Liveschaltung nach Europa: einige Minuten aus einer Pressekonferenz Kennedys.

Insgesamt 64 Mal stellte sich Kennedy den unterschiedlichsten Fragen der versammelten Journalisten, die von schwierigen außenpolitischen Themen bis zur Frage reichten, warum der Präsident ein Pflaster am Finger trug. Mit der Zeit wurde Kennedy routinierter und konnte auch heiklen Fragen elegant ausweichen. Sein Witz und seine Selbstironie lockerten die oft gespannte Atmosphäre immer wieder auf.

Ein vom Weißen Haus geschickt genutzter Vorzug der live ausgestrahlten Pressekonferenzen war, dass Kennedy sich ohne Umweg über die Presse direkt an die Bürger im Lande wenden konnte. Dies geschah auch mittels der häufig zu Beginn verlesenen Verlautbarungen. In manchen Fällen nutzte Kennedy diese Möglichkeit schamlos aus, um seine politische Agenda durchzusetzen. Das war auch am 11. April 1962 der Fall. Zur Überraschung der versammelten Journalisten griff der Präsident gleich zu Beginn mit scharfen Worten die amerikanische Stahlindustrie an: Während die Nation gefährliche Krisen zu meistern habe, amerikanische Soldaten in Vietnam und anderswo ihr Leben riskierten, denke eine kleine Gruppe von Industriellen nur an Profit und Macht. Aufsichtsbehörden des Bundes, Verteidigungs- und Justizministerium sowie die Bundespolizei FBI beschäftigten sich auf seine Anordnung hin bereits mit dem Fall.

Was war geschehen, das die eingeleiteten Maßnahmen und den impliziten Vorwurf des Landesverrats rechtfer-

Frage: Planen Sie, Ihren Schaukelstuhl mit ins Weiße Haus zu nehmen, wenn Sie als Präsident gewählt werden?

Antwort von Kennedy: Whether I goest [sic], it goes. (Falls ich hingehe, geht er mit.)

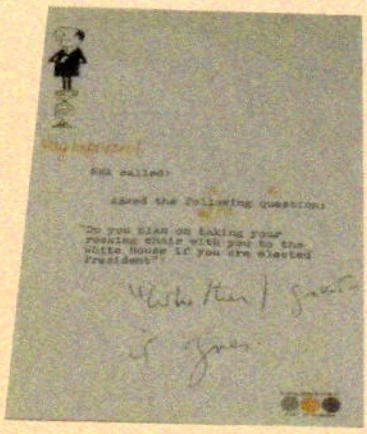
"Do you plan on taking your rocking chair with you to the White House if you are elected President?"

tigte? Am Tag zuvor hatte Roger Blough, der Vorstandsvorsitzende des Stahlriesen ›US Steel‹, Kennedy mitgeteilt, dass sein Konzern die Preise erhöhen würde. Kurz darauf hatten andere Firmen nachgezogen. In einem geschickten Schachzug – und so den Fragen der Journalisten zuvorkommend – nutzte Kennedy nun sein Einleitungsstatement für eine Breitseite gegen die Stahlindustriellen und verurteilte die Preiserhöhungen als »völlig ungerechtfertigt und unverantwortlich«. Es waren weniger die Preiserhöhungen an sich, die zu der 72-Stunden-Krise führten. Ein Jahr später nahm Kennedy ähnliche Preiserhöhungen kommentarlos hin. Doch in diesem Falle hatten die Industriellen seine Autorität als Präsident infrage gestellt. Vertreter der Regierung hatten zuvor bei Lohnverhandlungen in der Stahlindustrie vermittelt und die Gewerkschaftsvertreter zu einem moderaten Lohnabschluss bewegt. Im Gegenzug war ein Verzicht auf Preiserhöhungen für Stahlprodukte zugesichert worden. Kennedy hatte praktisch keine legalen Möglichkeiten, die nun verkündeten Erhöhungen zu verhindern, doch er fühlte sich hintergangen und befürchtete außerdem negative Folgen für die Gesamtwirtschaft. Er setzte sich schließlich durch: Am 13. April verkündete ein Stahlunternehmen nach dem anderen die Rücknahme der Preiserhöhungen.

Auf die in diesem Fall so effektiv eingesetzte Rhetorik der Krise griff Kennedy auch in anderen wichtigen Reden zurück. Bereits in seinem Buch ›Why England Slept‹ hatte er über die Schwierigkeit von Demokratien geschrieben, die Menschen in Bewegung zu setzen. Mit seinen Reden wollte Kennedy Überzeugungsarbeit dafür

---

»Mein Vater hat mir immer gesagt, daß alle Geschäftsleute Scheißkerle (Sons Of Bitches) seien, aber bis heute habe ich es nicht geglaubt«, zitierte ›Newsweek‹ den Präsidenten im Streit mit der Stahlindustrie. Bald waren Plaketten mit der Aufschrift »SOB Club« im Umlauf. Kennedy schränkte später ein, er habe nicht alle Geschäftsleute gemeint.

leisten, dass entschlossenes Handeln und Opferbereitschaft nötig seien. Indem er die oft diffusen Sorgen und Ängste der Bürger aufnahm und zu fast existenziellen, mit der Depressionszeit oder dem Zweiten Weltkrieg vergleichbaren Krisen überhöhte, hoffte er, die Menschen aus ihrer Lethargie aufzuwecken und Handlungsdruck zu erzeugen.

Die Inszenierung der Kennedy-Präsidentschaft und die Kontrolle der Bilder gingen weit über den politischen Bereich hinaus. Auch Jahrzehnte nach seiner Ermordung wurden die vielen Krankheiten des Präsidenten ebenso verschleiert wie die Tatsache, dass Kennedy öffentliche Auftritte meist nur mit vielen Schmerzmitteln durchstehen konnte. Die Vorspiegelung eines kerngesunden Mannes war wohl die größte Täuschung, und so durfte es ab dem Zeitpunkt seines Amtsantritts keine Bilder mehr geben, auf denen Kennedy mit Krücken zu sehen war. Unerwünscht waren außerdem Fotos, die ihn beim Essen, beim Golfspielen, beim Zigarrerauchen oder beim Küssen seiner Frau zeigten. Zum Lesen brauchte der Präsident eine Brille, die er möglichst nur in vertrautem Kreise aufsetzte. Seine Redemanuskripte wurden deshalb in besonders großem Schrifttyp getippt. Und auch wenn ein enger Berater wie Arthur Schlesinger das Gegenteil behauptet: Es gab gestellte Fotos. Dazu gehören auch die berühmten Fotos der spielenden Kinder unter Kennedys Schreibtisch in seinem Amtszimmer, dem ›Oval Office‹.

Vor allem Jackie Kennedy war darum bemüht, das Weiße Haus tatsächlich zu einem Heim für eine Familie zu machen. Bald gab es einen Vorschulkindergarten, den

Ich glaube, das ist die außergewöhnlichste Versammlung von Talent und Wissen, die jemals im Weißen Haus zusammengekommen ist – vielleicht den Abend ausgenommen, an dem Thomas Jefferson hier allein zu Abend gegessen hat.

John F. Kennedy bei einem Empfang für 49 Nobelpreisträger am 29. April 1962

auch andere Kinder besuchten, und im Garten wurde ein Spielplatz samt Baumhaus angelegt. Mindestens ebenso sehr ging es ihr darum, die Räume des Gebäudes in alter Pracht erstrahlen zu lassen: Die ganze Nation sollte darauf stolz sein können.

Zu Besuch bei den Eisenhowers, erschien ihr der erstmals im Jahre 1802 bezogene Amtssitz wie ein abgenutztes Mittelklassehotel. Mit der umfassenden Renovierung des Weißen Hauses setzte sich Jackie Kennedy ein bleibendes Denkmal. Die von ihr eingeleitete Renovierung war zwar umstritten. Doch Jackie Kennedy vermied viele der Fehler, die Präsident Truman bei früheren Umbauten Kritik eingebracht hatten. Ein erstmals eingesetzter Kurator sowie ein mit prominenten Persönlichkeiten und mit Mitgliedern beider großer Parteien besetztes »Fine Arts Committee« unterstützten sie bei ihrem Anliegen. Einige Möbel und Gemälde aus dem 19. Jahrhundert fanden sich verstaubt in Abstellkammern des Weißen Hauses. Darunter war auch Kennedys Schreibtisch, der aus dem Holz des britischen Schiffes »H. M. S. Resolute« gemacht worden war, ein Geschenk von Königin Victoria an Präsident Hayes. Andere Stücke – auch solche, die früheren Präsidenten gehört hatten – wurden von wohlhabenden Bürgern gestiftet.

Um Geld für eigene Ankäufe einzunehmen, wurde erstmals ein historischer Führer des Weißen Hauses aufgelegt. Das von einer neu gegründeten, gemeinnützi-

16 Das wohl berühmteste Bild, das die vorgeblich ungezwungene Atmosphäre im Weißen Haus und die Inszenierung der jungen First Family widerspiegelt: John jr. unter dem Schreibtisch seines Vaters im Oval Office

gen Organisation vertriebene Buch erreichte bald eine Auflage von über einer halben Million Exemplaren. Von den beeindruckenden Veränderungen konnten sich 50 Millionen Fernsehzuschauer Mitte Februar 1962 in einer von CBS produzierten »Tour durchs Weiße Haus mit Mrs. John F. Kennedy« überzeugen.

Dem neuen Glanz der Räume entsprachen die prominenten Besucher, die bei den zahlreichen Kulturveranstaltungen und Staatsbanketten zu Gast waren. Die von Frank Sinatra organisierte Gala am Vorabend von Kennedys Amtsantritt mit vielen Beteiligten aus dem Showbusiness sowie die mehr als 50 am folgenden Tag geladenen Maler, Schriftsteller und Komponisten hatten bereits die besondere Beziehung der Kennedys zu Kunst- und Kulturschaffenden gezeigt.

Während der »tausend Tage« verwandelte sich das Weiße Haus dann regelmäßig in eine Bühne. Am »Hofe« der Kennedys waren Gastspiele bekannter Theatertruppen, Opern- und Ballettaufführungen zu sehen. Der Konzertreigen reichte von elisabethanischer Musik aus dem 16. Jahrhundert bis hin zum ersten Jazzkonzert im Weißen Haus. Weltbekannte Musiker wie der Violinist Isaac Stern traten auf, aber es gab auch eine Konzertreihe mit Jugendorchestern.

Ein besonderer Höhepunkt war ein Abend mit dem berühmten Cellisten Pablo Casals, der bereits im Jahre 1904 für den damaligen Präsidenten Theodore Roosevelt im Weißen Haus gespielt hatte. Der gebürtige Katalane war ein entschiedener Gegner des spanischen Diktators Franco und hatte seit vielen Jahren alle Einladungen in jene

---

> Allmählich gelang es ihr, ihn etwas für Kunst, und ihm, sie etwas für Politik zu interessieren.
>
> *Theodore Sorensen über Jack und Jackie Kennedy*

Länder abgelehnt, die dessen Regime anerkannten. Kennedy bat Casals, bei einem Empfang zu Ehren des Gouverneurs von Puerto Rico zu spielen, wo der Musiker seit langem im Exil lebte. Der 84-jährige Casals schätzte Kennedy sehr und willigte ein, zum ersten Mal seit 1938 wieder in den Vereinigten Staaten aufzutreten. Wer am 13. November 1961 nicht wie Leonard Bernstein, der Komponist Aaron Copland oder der Dirigent Eugene Ormandy zu den 2000 geladenen Gästen gehörte, konnte das Konzert landesweit im Radio mitverfolgen.

Diese Ereignisse trugen die Handschrift der »First Lady«, die in Musikfragen von Pressesekretär Salinger beraten wurde. Präsident Kennedy erkannte den öffentlichkeitswirksamen Wert solcher Veranstaltungen, doch in der Regel war die Musik nicht nach seinem Geschmack. Als er einmal nach seinem Lieblingslied befragt wurde, war er zunächst ratlos. Seine Frau schlug ihm vor, das alte englische Volkslied »Greensleeves« zu nennen. Auch aus anderen Gründen fühlte Kennedy sich an solchen Abenden

17 Jackie bringt die Schönen Künste ins Weiße Haus, hier den berühmten Cellisten Pablo Casals zu einem exklusiven Konzert am 13. November 1961.

nicht immer wohl. Nachdem er anfangs in Unkenntnis klassischer Kompositionen mehrfach zur falschen Zeit geklatscht hatte, wurde später als geheimes Zeichen eine bestimmte Tür geöffnet, was ihm signalisierte, dass gerade der letzte Satz zu hören war.

Auch in der Kulturpolitik setzte die Kennedy-Präsidentschaft neue Zeichen. Die Schaffung einer nationalen Stiftung zur Förderung der Künste, des »National Endowment for the Arts«, wurde ebenso in die Wege geleitet wie der Bau eines nationalen Kulturzentrums in Washington, das heutige »John F. Kennedy Center for the Performing Arts«. Auch hierbei war Jackie Kennedy eine treibende Kraft.

Als ihr Mann für die Präsidentschaft kandidierte, hatte sie in einem Interview gesagt: »Ich habe immer geglaubt, die Hauptpflicht ist, den Präsidenten der Vereinigten Staaten zu unterstützen, so dass er seinem Land am besten dienen kann, und das bedeutet, den Haushalt um ihn herum ruhig zu führen und ihm bei allem zu helfen, worum er bittet.« Diese konservative Rolle interpretierte die »First Lady« – die diese Bezeichnung jedoch ablehnte und von den Angestellten als Mrs. Kennedy angesprochen werden wollte – auf ihre eigene, offensive Weise. Nicht

18 Offiziell inoffiziell: Die junge Familie vereint bei einem Kurzurlaub, fotografiert von Cecil Stoughton, dem Fotografen des Weißen Hauses

nur mit ihrem Musik-, Kunst- und Kulturgeschmack wurde Jackie Kennedy zu einer angehimmelten Präsidentengattin. Auch der »Jackie look« – ihr Haarschnitt, ihre Kleidung und die charakteristischen »Pillbox«-Hüte – fand viele Nachahmerinnen.

Im Wahlkampf war Jackies Vorliebe für europäische Designer zum Thema geworden. Pat Nixon, die Ehefrau des Republikanischen Präsidentschaftskandidaten, hatte verkündet, sie trage nur Kleidung »Made in U. S. A«. Um als »First Lady« gegenteiligen Vorwürfen zu entgehen – und auch weil die Textilarbeitergewerkschaften ihren Mann unterstützt hatten –, ließ Jackie Kennedy sich künftig nach eigenen Vorgaben ihre Kleider von amerikanischen Modedesignern wie Oleg Cassini fertigen.

Anders als die Eisenhowers bestellten die Kennedys kein neues Staatsgeschirr für das Weiße Haus. Doch es wurden neue Gläser beschafft. Die Wahl fiel auf eine Glasfabrik in West Virginia, einem der ärmsten Bundesstaaten. Auch solche eher unbedeutenden Handlungen wurden so zu symbolischen Akten. Auf jedes Zugeständnis wollte sich die Hausherrin allerdings nicht einlassen, und so bekochte ein französischer Küchenchef die illustre Gästeschar.

Auch bei Auslandsreisen war Jackie Kennedy weit mehr als die Begleiterin des Präsidenten. John F. Kennedy kokettierte mit der Attraktivität seiner Frau, die selbst die seine gelegentlich in den Schatten stellte. So begann er die Abschlusspressekonferenz bei seinem Frankreichbesuch im Juni 1961 mit den Worten: »Ich bin der Mann, der Jacqueline Kennedy nach Paris begleitet hat.« Mit ihrer Aus-

Nur ganz selten nimmt eine einzelne Person die Phantasie von Menschen auf der ganzen Welt ein. Du hast das getan; und was noch wichtiger ist, durch Deine Liebenswürdigkeit und Deinen Takt hast Du diese seltene Leistung in einen unglaublich wichtigen Aktivposten für die Nation umgewandelt.

Clark Clifford über die internationale Wirkung von Jackie Kennedy

strahlung, ihren Spanisch- und Französischkenntnissen, ihrem breiten Wissen auf historischem und kulturellem Gebiet brach sie manches Mal das Eis und erwies sich zunehmend als eine der wichtigsten Botschafterinnen eines neuen Amerika. Ihr war es zu verdanken, dass der französische Kulturminister André Malraux die Zustimmung erteilte, Leonardo da Vincis ›Mona Lisa‹ in Washington und New York zu zeigen. Eine Indienreise, die sie ohne ihren Mann antrat, wurde zu einem triumphalen Erfolg, und US-Botschafter Galbraith stellte anschließend erfreut die Verbesserung der bilateralen Beziehungen fest.

Der »Prinz von Camelot« und seine viel bewunderte Frau bezauberten die Menschen in Amerika und weltweit mit ihrem Charme und ihrer Ausstrahlung. Sie repräsentierten ein junges, dynamisches Amerika, weltoffen und kulturell interessiert, elegant und strahlend, dabei zugleich familiär und privat. Auch die Presse und viele Intellektuelle erlagen ihrer Wirkung. Sie wurden umgarnt und benutzt.

Nicht was man ist, sondern was die Leute von einem denken sei entscheidend, hatte Joseph Kennedy seinen Kindern mit auf den Weg gegeben. Am Image des Politikers und der Privatperson John F. Kennedy wurde hart gearbeitet. Bis zum tragischen Ende von »Camelot« wurde wenig dem Zufall überlassen, und auch nach dem 22. November 1963 kämpfte vor allem Jackie Kennedy verbissen darum, das Bild ihres Mannes vor allen Anfeindungen zu schützen.

Camelot war das Opium der Intellektuellen.

Gary Wills

Vom Falken zur Taube?

Seine Antrittsrede hatte John F. Kennedy fast völlig außenpolitischen Themen gewidmet, und die Außenpolitik – oder besser: schwerwiegende außenpolitische Probleme – sollten dann auch den Großteil seiner Amtszeit prägen. Den im Wahlkampf beklagten Stillstand bezog Kennedy auch auf die internationalen Beziehungen, wo die Vereinigten Staaten aus seiner Sicht auf vielen Feldern bereits hinter die Sowjetunion zurückgefallen waren. Der junge Präsident war fest entschlossen, die USA wieder zur unumschränkten Nr. 1 zu machen.

Zwar hatte sich Kennedy im Wahlkampf und in der Antrittsrede als entschiedener Antikommunist und Kalter Krieger präsentiert, doch gleichzeitig fühlten sich diejenigen von ihm angesprochen, die auf Entspannungspolitik setzten. Der sowjetische Staats- und Parteichef Nikita Chruschtschow war erfreut über Kennedys Wahlsieg und hoffte, wie er dem Präsidenten schrieb, auf eine »fundamentale Verbesserung« der Beziehungen beider Länder. Gleichzeitig war er überzeugt, dass nicht Kennedy, sondern amerikanische Industrie- und Finanzkapitäne das Land regierten.

Kennedy betrachtet die Beziehungen zwischen den USA und der UdSSR als solche des permanenten Kampfes und der Rivalität (...) dennoch sieht Kennedy die Möglichkeit eines für beide Seiten akzeptablen Ausgleichs dieser Beziehungen auf der Basis einer gemeinsamen Anstrengung, einen Atomkrieg zu vermeiden. (...) Kennedy sieht die Wiederherstellung der »Position der Stärke« als Hauptaufgabe für die USA und als eine notwendige Vorbedingung für die Wiederaufnahme von Gesprächen mit der UdSSR auf hoher Ebene (...) Bei solchen Themen wie der Berlin-Frage ist Kennedys Position geradezu kriegerisch: Er erklärt öffentlich, daß die USA eher einen Atomkrieg beginnen sollten als Berlin zu verlassen...

Profil des Präsidentschaftskandidaten John F. Kennedy von der russischen Botschaft in Washington an Chruschtschow, August 1960

Zwei Tage vor Amtsantritt wurde eine Rede Chruschtschows vom 6. Januar bekannt, die er hinter verschlossenen Türen gehalten hatte. Trotz einiger Passagen über eine friedliche Koexistenz der Großmächte wurde sie in Washington als Kampfansage an die neue Administration verstanden, weil der Kremlchef die Unterstützung von »nationalen Befreiungskriegen« kolonialer Völker angekündigt und den Siegeszug des Kommunismus beschworen hatte. Kennedy ließ Kopien der Rede an seine Berater und Regierungsmitglieder verteilen, damit sie wussten, vor welchen außenpolitischen Herausforderungen die Vereinigten Staaten stünden.

Dass Kennedy selbst die außenpolitische Linie bestimmen wollte, erklärt zum Teil auch die Ernennung eines eher blassen Außenministers. Der von der Rockefeller-Stiftung kommende Dean Rusk hatte zuvor einige Erfahrungen im Außenministerium gesammelt, doch Kennedys eigentlicher Favorit war William Fulbright gewesen, der einflussreiche Vorsitzende des Auswärtigen Ausschusses des Senats. Aufgrund früherer rassistischer Äußerungen erschien Kennedy dessen Ernennung aber nicht opportun. Adlai Stevenson, den viele Liberale gern an der Spitze des State Department gesehen hätten, wurde mit dem Botschafterposten bei der UN entschädigt.

In seiner ersten »Rede zur Lage der Nation« am 30. Januar ermahnte Kennedy seine Landsleute, sich auf das Schlimmste einzustellen. Es bestehe »höchste Gefahr«. Als erste Schritte verkündete der Präsident dann, den Bau von Raketen und Polaris-U-Booten zu beschleunigen sowie die Lufttransportkräfte schnell zu vergrößern. Gemäß sei-

Nikita Chruschtschow (1894–1971)
Ein halbes Jahr nach dem Tod Stalins (5. März 1953) rückte der gelernte Schlosser und Ingenieur Nikita Chruschtschow an die Spitze der Kommunistischen Partei der Sowjetunion. Unter seiner Führung begann die Entstalinisierung des Landes. 1957 wurde Chruschtschow auch Vorsitzender des Ministerrates. Er veranlasste die Niederschlagung des Ungarn-Aufstandes (1956) und war mitverantwortlich für den Bau der Berliner Mauer (1961). Die Politik der friedlichen Koexistenz

ner Wahlkampfpropaganda sollte der Verteidigungsetat erhöht werden, um so auch das angebliche »Missile Gap« – einen Rückstand der Amerikaner bei Interkontinentalraketen gegenüber der Sowjetunion – zu schließen. Zum Ärger von Präsident Eisenhower hatte der Präsidentschaftskandidat Kennedy diese Vorwürfe wider besseres Wissen mehrfach erhoben. Tatsächlich gab es jedoch nie eine »Raketenlücke«, wenn alle land- und seegestützten Atomwaffen sowie die Bomberflotten einbezogen wurden. Die USA waren der Sowjetunion weit überlegen. Nach den von Kennedy unternommenen Rüstungsanstrengungen stand das Verhältnis zur Zeit der Kubakrise im Herbst 1962 sogar bei mindestens 17 zu 1!

Entsprechend verärgert reagierte der neue Präsident, als Verteidigungsminister McNamara bei einem Hintergrundgespräch mit Journalisten die Raketenlücke für nichtexistent erklärte. In einer seiner ersten live ausgestrahlten Pressekonferenzen am 8. Februar damit konfrontiert, drückte Kennedys Körpersprache mehr noch als seine umständlichen und ausweichenden Antworten sein Unbehagen aus, bei einer offensichtlichen Wahlkampflüge ertappt worden zu sein. Doch Kennedy lernte daraus: Später meisterte er solche Situationen souverän und mit Witz.

Wie sein Vorgänger glaubte Kennedy an die Domino-Theorie, wonach ein einziges ans kommunistische Lager »verlorenes« Land eine politische Kettenreaktion in seinen Nachbarländern auslösen könnte, die dann nicht mehr zu stoppen sei. Dementsprechend galt es, wachsam zu sein und bereit, überall in der Welt entschlossen auf die kommunistische Bedrohung zu reagieren.

---

mit den USA, die er nach der Kubakrise forcierte, führte zu Konflikten mit China. 1964 wurde er zum Rücktritt gezwungen. Chruschtschow kultivierte seine proletarische Herkunft und war für seine Gefühlsausbrüche bekannt. Im Rahmen einer UN-Debatte über Entkolonialisierung hämmerte er mit einem Schuh auf das Rednerpult. Ein Streit mit Richard Nixon über den Ausstattungsstandard amerikanischer Küchen ging als »Kitchen Debate« in die Geschichte ein.

Bei einer gemeinsamen Sitzung von Kennedy und Eisenhower mit den scheidenden und künftigen Außen-, Verteidigungs- und Finanzministern am 19. Januar standen die wichtigsten so genannten »Unruheherde« auf der Tagesordnung: Berlin, der Ferne Osten (China, Formosa, Laos) und Kuba. Auch durch Washingtons eigenes Handeln dominierten dann tatsächlich immer wieder Ereignisse auf Kuba, in Berlin und in Südostasien die Außenpolitik der Kennedy-Administration.

Der erste – von Kennedy gewählte – Schauplatz war Kuba. Hier hatte 1959 die von Fidel Castro angeführte Revolution den von den USA unterstützten Diktator Batista gestürzt. Auch viele Amerikaner hegten eine gewisse Sympathie für Castro, und Senator John F. Kennedy bezeichnete die ungerechte Verteilung des Grundbesitzes als eine der Ursachen der kubanischen Revolution. Zunächst gehörte Kuba nicht unbedingt zum kommunistischen Lager. Doch mit seiner Verstaatlichungspolitik der meist völlig von amerikanischen Konzernen kontrollierten Versorgungsunternehmen, Minen, Ölraffinerien, der Zuckerproduktion, der Eisenbahnen und auch der Kasinos machte sich Revolutionsführer Castro den großen Nachbarn im Norden zunehmend zum Feind. In Washington fürchtete man, Kuba könne zum Vorbild für andere lateinamerikanische Länder werden, und seit Anfang 1960 wurden Pläne für einen Umsturz geschmiedet. Zu diesem Zweck autorisierte Präsident Eisenhower die Bildung einer geheimen paramilitärischen Einheit aus kubanischen Exilanten. Ende 1960 verschlechterten sich die Beziehungen beider Länder erneut, und kurz vor Kennedys Amtsantritt brachen die

»Massive Retaliation« und »Flexible Response«

In den 1950er-Jahren baute die Strategie der Abschreckung der kommunistischen Länder auf den Einsatz von Atomwaffen: »massive Vergeltung«. Das Risiko, dass so aus einem kleinen Konflikt ein Atomkrieg würde, erschien vielen zu hoch. Entwickelt wurde eine neue Politik, um flexibel und in Eskalationsschritten antworten zu können. Zu Beginn der 1960er-Jahre wurde die »Flexible Response« zur offiziellen amerikanischen Militärstrategie.

USA die diplomatischen Beziehungen zu Kuba ab. Die Kubaner befürchteten nun eine amerikanische Militärinvasion. Das war in Washington zwar nicht beschlossen worden, aber die Einsatzpläne für die in CIA-Camps in Guatemala trainierten Exil-Kubaner wurden geändert und zielten jetzt nicht mehr auf Guerilla-Aktivitäten, sondern auf eine Landungsoperation. Die Exil-Kubaner sollten eine Basis auf der Karibikinsel errichten und als Gegenregierung von den Vereinigten Staaten anerkannt werden. Dann konnte, so die Hoffnung der US-Regierung unter Eisenhower, aus der verdeckten eine offene amerikanische Unterstützung werden und der Aufstand gegen das Castro-Regime beginnen. Nach seiner Wahl wurde Kennedy von der CIA in die Pläne eingeweiht. Eisenhower selbst bedrängte ihn unmittelbar vor der Übergabe der Amtsgeschäfte, die Aktivitäten weiterzutreiben.

Der Invasionsversuch, der Mitte April 1961 stattfand, war von Beginn an zum Scheitern verurteilt. So gut wie alles ging schief, und das Ergebnis war das vielleicht größte Fiasko der tausend Tage von Kennedys Amtszeit. Die in außenpolitischen Fragen unerfahrene Administration ließ sich vor allem von der überbordenden Zuversicht einer bei Umstürzen als erfolgreich

19 **Fidel Castro (*1926)**
Bei einem USA-Besuch im April 1959 wurde der kubanische Revolutionsführer noch von vielen Amerikanern gefeiert. Selbst Vizepräsident Nixon empfing ihn. Erst Ende 1960 bekannte sich die kubanische Führung unter Castro öffentlich zum Kommunismus. Verstaatlichungen und zu einem geringeren Anteil die Einschränkung der Grundrechte hatten das Verhältnis zu den Vereinigten Staaten aber bereits irreparabel zerrüttet. Mit legalen und illegalen Mitteln bekämpfen die USA seit über 40 Jahren das Castro-Regime.

geltenden CIA beeindrucken. Zudem drängte der Geheimdienst auf Eile, da die mittlerweile auf 1400 Mann angewachsene Truppe dringend eine »Verwendung« brauchte. Guatemala war nicht mehr länger bereit, die Ausbildungslager zu dulden, und die Regenzeit nahte. Kennedy war sich der Risiken eines solchen Einsatzes zwar durchaus bewusst, und er hätte die Aktion abblasen können. Doch auch dies barg Gefahren. Bei einer Abschiebung der Männer in die USA hätten sie die Invasionspläne ausplaudern können. Kennedy, der seinem Vorgänger vorgeworfen hatte, zu wenig gegen Castro zu tun, hätte außerdem als schwach im Kampf gegen den Kommunismus dagestanden. Hinzu kam, dass die Pläne noch zu Amtszeiten Eisenhowers entstanden waren und so gewissermaßen das Gütesiegel des hochdekorierten Zweite-Weltkriegs-Generals trugen. Kennedy insistierte allerdings darauf, dass unter keinen Umständen erkennbar werden durfte, dass die Vereinigten Staaten hinter dem Invasionsversuch steckten. Und am 12. April legte er sich in einer Pressekonferenz fest: »Es wird unter keinen Umständen irgendeine Intervention von Streitkräften der Vereinigten Staaten auf Kuba geben, und diese Regierung wird alles in ihrer Macht stehende tun (…) um sicherzustellen, dass keine Amerikaner in irgendwelche Aktionen dort involviert sind.« Das sich daraus ergebende Dilemma – dass eine unzureichende amerikanische Unterstützung ein Scheitern wahrscheinlicher machte, ein massives Eingreifen aber kaum geheim zu halten war – wurde nicht gelöst. Die CIA schien jedenfalls davon auszugehen, dass Kennedy im entscheidenden Moment doch die nötigen Truppen schicken würde. Das war eine gravierende Fehleinschätzung.

> Der Zwischenfall, das schlimmste Unglück in einer Zeit voller Unglücke, zeigte John Kennedy, daß sein Glück und sein Urteilsvermögen menschliche Grenzen hatten, und das Ereignis, das ihm unschätzbare Lehren für die Zukunft gab, geschah am 17. April in den Zapata-Sümpfen der kubanischen Schweinebucht.
>
> *Theodore Sorensen*

Am 15. April versuchten, aus Nicaragua kommende, getarnte US-Bomber vom Typ B-26, die aus wenigen altersschwachen Flugzeugen bestehende kubanische Luftwaffe auszuschalten. Es gelang aber nur zum Teil. Aus Sorge um die Geheimhaltung untersagte Kennedy weitere Luftangriffe. Doch amerikanische Zeitungen hatten im Vorfeld ausführlich über die Trainingscamps und deren Zweck berichtet. Aufmerksamen Beobachtern war sofort klar gewesen, dass die USA hinter den Angriffen steckten.

Der eigentliche Invasionsversuch fand in der Nacht vom 16. auf den 17. April 1961 statt. Bereits vor der Landung in der kubanischen ›Bahía de Cochinos‹, der Schweinebucht, war der Angriff gescheitert: Die Männer der Brigade 2056 gerieten noch auf dem Wasser unter heftigen Beschuss. Zwei ihrer vier Boote wurden von der kubanischen Luftwaffe versenkt. Dabei ging ein Großteil der Waffen und der Kommunikationsgeräte verloren. Den anderen Booten bereiteten die Korallenriffe Probleme. Erst nach langem Zögern stimmte Kennedy einem begrenzten Einsatz von Flugzeugen zu. Doch weil die Einsatzplaner übersehen hatten, dass Nicaragua und Kuba in unterschiedlichen Zeitzonen liegen, verpassten sich die B-26-Bomber und die zu ihrer Unterstützung beorderten Marinekampfjets. Die mehr als 1000 überlebenden Invasoren gerieten in kubanische Gefangenschaft.

Aus heutiger Sicht erscheint es mehr als fraglich, ob ein Einsatz der Luftwaffe das Blatt hätte wenden können. Bereits die Planung war voller fataler und geradezu unglaublicher Fehler gewesen. So hätten die Männer für den Fall des Scheiterns der Invasion einen Guerillakampf von

---

Wenn gelogen werden muß, sollten untergeordnete Regierungsmitarbeiter das tun. (...) Aus diesem Grund (...) sollte jemand anders als der Präsident und in dessen Abwesenheit die endgültige Entscheidung fällen – jemand, der später geopfert werden kann, wenn die Dinge sich schrecklich falsch entwickeln.

Arthur Schlesinger in einem Memorandum zur Schweinebucht-Invasion an Kennedy, 10. April 1961

den Bergen aus führen sollen. Mitte März hatte man die geplante Landung von Trinidad zur Schweinebucht verlegt, doch das Gelände nur unzureichend erkundet: Die Berge waren zu weit entfernt und nur durch ein Sumpfgebiet zu erreichen. Nicht nur deshalb war der erwartete Volksaufstand infolge der von den Amerikanern betriebenen Invasion völlig illusorisch. Durch die fehlende Geheimhaltung gewarnt, hatte Castro außerdem frühzeitig viele tausend Regimegegner verhaften lassen.

Nicht alle von Kennedys Beratern waren im Vorfeld optimistisch gewesen. In einem kritischen Memorandum hatte Arthur Schlesinger die Gefahren einer Invasion aufgelistet: Die amerikanische Involvierung sei nicht zu verbergen, der Erfolg nicht garantiert und das neue positive Bild der USA könne international schweren Schaden nehmen. Wie andere räumte auch Kennedys Lateinamerikaexperte später selbstkritisch ein, dass er seine Bedenken offener hätte aussprechen müssen. Die Vereinten Stabschefs hatten die Erfolgsaussichten als »reell« bezeichnet. Doch das war vor der Verlegung der Invasion in die Schweinebucht, und erst später wurde Kennedy darüber aufgeklärt, dass »fair chance« im Militärjargon nur eine Chance von lediglich 1:3 bedeutete.

Der Präsident übernahm in der Öffentlichkeit die volle Verantwortung für das Debakel. Doch sein Ärger war groß, weil er den »Experten« fast blind vertraut hatte. CIA-Direktor Allen Dulles und Richard Bissel, der die Invasion geplant hatte, mussten Ende 1961 ihren Hut nehmen. Die Fehler bei der Entscheidungsfindung wurden analysiert, und künftig sollten in außenpolitischen Fragen

Es gibt ein altes Sprichwort, daß der Sieg hundert Väter hat und die Niederlage ein Waisenkind ist.

John F. Kennedy in der Pressekonferenz am 21. April 1961 zur fehlgeschlagenen Invasion Kubas

Kennedys wichtigste persönliche Berater wie Sorensen frühzeitig eingebunden werden. Robert Kennedy wurde jetzt auch auf diesem Feld der engste Vertraute seines Bruders, was sich später deutlich bei der Kubakrise zeigte.

Doch wie viel hatte Kennedy aus dem Scheitern der Invasion gelernt? Er war vor allem über die Schmach der Niederlage verärgert. Das Ziel der Invasion wurde jedoch weiterverfolgt – mit fragwürdigen Mitteln. Am 30. November 1961 wurde mit der Unterschrift von Präsident Kennedy die streng geheime »Operation Mongoose« ins Leben gerufen. In den nächsten Jahren wurden jeweils 50 bis 100 Millionen Dollar ausgegeben, um Kuba zu destabilisieren und Castro aus dem Weg zu räumen. 400 Amerikaner und etwa 2000 von Miami aus gesteuerte Exil-Kubaner verübten Bombenanschläge, führten Sabotageaktionen wie Behinderung des Zuckerhandels und Falschgeldeinfuhr durch und planten – zum Teil mithilfe der amerikanischen Mafia – die Ermordung von Fidel Castro. Die Sondereinheit genoss höchste Priorität bei der Regierung, wie Robert Kennedy, der gemeinsam mit Finanzminister Dillon ihre zivile Führung innehatte, Mitte Januar 1962 intern mitteilte: »Keine Zeit, kein Geld, keine Mühen und keine Arbeitskraft dürfen gescheut werden.« Eine Militärintervention wurde nicht offiziell angeordnet, doch in einer von Kennedy gebilligten Direktive vom 14. März 1962 hieß es: »Zum abschließenden Erfolg wird eine entschiedene US-Militärinvasion nötig sein.« Auch das gehört zur Vorgeschichte der Kubakrise, die noch ausführlich behandelt werden wird.

Das Fiasko in der kubanischen Schweinebucht und Kennedys Weigerung, eine massive Luftwaffen- und Marine-

Mongoose (dt. Mungo): asiatische Schleichkatze, die giftige Schlangen töten kann

unterstützung für die Brigade 2056 zu genehmigen oder sich gar für eine Militärinvasion zu entscheiden, ließ ihn für viele Exil-Kubaner und Falken zu einer Hassfigur werden. Zugleich war sein progressives Image bei den Linken beschädigt. So war selbst der Präsident überrascht, als die zuvor schon hohe Zustimmung zu seiner Politik kurz nach der missglückten Schweinebucht-Invasion deutlich von 72 Prozent auf 83 Prozent anstieg. Auch diesmal zeigte sich, dass die Mehrheit der Amerikaner in Krisenzeiten meist hinter ihrer Regierung steht.

Die Ereignisse an einem Krisenherd des Kalten Krieges hatten Einfluss auf die anderen möglichen Krisenherde, und diesmal wählte Chruschtschow den Schauplatz. Aus seiner Sicht hatte der junge Präsident im entscheidenden Moment Schwäche gezeigt. Und das wollte der sowjetische Staatschef beim Gipfeltreffen am 3. und 4. Juni in Wien für seine Berlinpolitik ausnutzen. Die Initiative zu dem Treffen war von Kennedy ausgegangen, der Ende Februar erste Fühler ausgestreckt hatte. Doch erst nachdem Kennedy in Kuba eine empfindliche Niederlage erlitten hatte, beantwortete Chruschtschow die Anfrage des US-Präsidenten positiv.

Beide Seiten hofften, die Beziehungen wieder zu verbessern, doch sie gingen mit unterschiedlichen und – wie sich zeigen sollte – unvereinbaren Verhandlungspositionen in die Gespräche. Kennedy wollte ein Atomteststopp-Abkommen erreichen. Die Russen vermuteten Spionageabsichten hinter den dabei notwendigen Kontrollen. Chruschtschows Forderung nach weitgehenden Abrüstungsverhandlungen, die den Vorsprung der USA bei ato-

Ein Untersuchungsausschuss des Kongresses deckte 1975 mindestens acht **Attentatsversuche** gegen Fidel Castro auf, bei der die CIA auch die Hilfe der amerikanischen Mafia gesucht hatte. Es konnte nicht definitiv nachgewiesen werden, dass Kennedy darüber informiert war oder sogar einen Mordbefehl erteilt hatte.

maren Interkontinentalraketen verringern sollten, lehnten die Amerikaner ab. Eisig wurde die Atmosphäre schließlich, als der sowjetische Parteiführer seine Forderungen in Bezug auf Berlin formulierte.

Seit Ende 1958 hatten die Russen eine grundsätzliche Vereinbarung über den Status der DDR und Westberlins angemahnt. Aus ihrer Sicht waren die Probleme vielfältig und immer schwieriger zu beherrschen. Auf der einen Seite sahen sie die wachsende militärische Stärke Westdeutschlands, seine enge Westbindung sowie Westberlin als Propaganda- und Spionagezentrum im Osten. Auf der anderen Seite wurde die Position der ostdeutschen Regierung immer schwächer, die Unzufriedenheit im Land wuchs. Ingenieure und Ärzte verließen die DDR in Scharen durch das Schlupfloch Westberlin, um lukrative Jobs in der Bundesrepublik anzunehmen. Chruschtschow verlangte nun, Berlin den Status einer entmilitarisierten »Freien Stadt« zu geben. Falls die USA darauf nicht eingingen, so die Drohung, werde es in spätestens sechs Monaten einen separaten Friedensvertrag mit der DDR geben. Das würde gleichzeitig das Ende der Besatzungsrechte der Alliierten in Westberlin bedeuten.

Kennedy hatte damit gerechnet, dass Chruschtschow seine Entschlossenheit testen würde. Und er bemühte sich

20 Nikita Chruschtschow und Jackie Kennedy beim Wiener Gipfeltreffen, 3./4. Juni 1961. Auch Nikita Chruschtschow war fasziniert von Jackie Kennedy.

nach Kräften, seinem Gegenüber die gefährlichen Konsequenzen eines solchen, für die USA unannehmbaren Ultimatums vor Augen zu halten. Doch Chruschtschow blieb hart. In dieser Frage gebe es keinen Verhandlungsspielraum. Im Falle einer Bedrohung werde die Sowjetunion zu militärischen Mitteln greifen. Das, so Kennedys letzte Worte, würde »einen kalten Winter« bedeuten. Und damit gingen die beiden Führer der Weltmächte USA und Sowjetunion auseinander.

Chruschtschow stellte sich in der Öffentlichkeit als Sieger dar und ließ am 10. Juni seine Forderungen veröffentlichen. Die amerikanische Seite war darum bemüht, Kennedy als unnachgiebig zu zeichnen und den Eindruck einer Krise zu vermeiden. Nicht nur die ›New York Times‹ sah das jedoch anders. Enge Berater, befreundete Journalisten und der britische Premierminister MacMillan, die Kennedy kurz nach dem Ende des Gipfeltreffens erlebten, sahen mit eigenen Augen, wie ihm Chruschtschow zugesetzt hatte. Im privaten Kreis gab Kennedy zu, er habe sich wie bei einer Auseinandersetzung mit seinem Vater gefühlt: Man stecke nur ein.

Dass »Berlin« im Laufe des Jahres 1961 zum Problem werden würde, damit hatte man in Washington schon vor Wien gerechnet. Auf Anordnung von Kennedy war bereits im Frühjahr eine Beratergruppe eingesetzt worden, die eine Lageanalyse erarbeiten und die amerikanische Deutschland-Politik auf den Prüfstand stellen sollte. Besonders einflussreich für die spätere Formulierung der US-Politik waren Analysen des früheren Außenministers Dean Acheson, eines Hardliners bei der Bekämpfung des Kommunis-

Liebe Mutter, wenn Du vorhast, Dich mit den Staatsoberhäuptern in Verbindung zu setzen, dann wäre es vielleicht eine gute Idee, mich oder das Außenministerium vorher zu fragen, denn Deine Geste könnte zu internationalen Verwicklungen führen. Herzlichst Jack.

mus, der Verhandlungen für sinnlos hielt. Im Anschluss an das Gipfeltreffen fanden viele weitere Sitzungen statt, auf denen neue Memoranden diskutiert wurden. Hierbei kristallisierten sich drei Punkte heraus, bei denen es auf amerikanischer Seite keine Kompromisse geben würde. Dabei handelte es sich um die Besatzungsrechte der Alliierten in Westberlin, den freien Zugang nach Westberlin sowie die Freiheit der Westberliner. Der Sowjetunion sollte unmissverständlich klar gemacht werden, dass eine Verletzung dieser so genannten »Essentials« ein Kriegsgrund wäre und dass die USA auch vor dem Einsatz von Atomwaffen nicht zurückschrecken würden.

Um dieser Position Nachdruck zu verleihen und das Bild der Schwäche, das Chruschtschow in Wien von ihm bekommen haben könnte, zu entkräften, entschied sich Kennedy zu einer Ansprache an das amerikanische Volk. In der am 25. Juli 1961 von Fernsehen und Radio live übertragenen Rede ließ er keinen Zweifel an der amerikanischen Entschlossenheit, die Freiheit Westberlins mit allen Mitteln zu verteidigen: »Wir können und werden nicht zulassen, dass die Kommunisten uns aus Berlin vertreiben.« Ein Angriff auf diese Stadt, so der Präsident, wäre ein Angriff auf den Westen. Westberlin sei der Testfall für westlichen Mut und Entschlossenheit, und hier stehe die internationale Glaubwürdigkeit der Vereinigten Staaten auf dem Spiel. Kennedy bat den Kongress eindringlich, 3,2 Milliarden Dollar zusätzlich für die Verteidigung sowie über 200 Millionen Dollar für den Zivilschutz zu bewilligen. Außerdem kündigte er eine Erhöhung der Truppenstärke um über 200 000 Mann und eine Verdreifachung der Einberufungen an.

Lieber Jack, es freut mich, daß Du mich im Hinblick auf die Kontaktaufnahme mit Staatsoberhäuptern warnst, denn ich wollte gerade an Castro schreiben.

Briefwechsel zwischen John F. Kennedy und seiner Mutter bezüglich eines Briefs von Rose Kennedy an Chruschtschow mit der Bitte, Fotos vom Wiener Gipfeltreffen zu signieren

Seine alarmistische Sprache war kaum dazu angetan, den Konflikt zu entschärfen. In der Sowjetunion wurde die Rede mit Entsetzen aufgenommen. Chruschtschow sprach gegenüber einem amerikanischen Besucher davon, dass sie fast so etwas wie eine Kriegserklärung darstelle. Doch Kennedy wusste die Öffentlichkeit hinter sich. In Meinungsumfragen sprachen sich 85 Prozent der Amerikaner für den Verbleib der US-Truppen in Westberlin aus, selbst wenn dies Krieg bedeuten würde. 67 Prozent befürworteten einen Militäreinsatz, falls die Kommunisten die Zugänge in die Stadt sperren sollten. Nur 16 Prozent waren dagegen.

Besonders in der Bundesrepublik wurde genau registriert, dass der amerikanische Präsident von *West*berlin gesprochen hatte. Das war schon zuvor der interne Sprachgebrauch der amerikanischen Seite gewesen, doch aus dem Munde Kennedys in einer solch wichtigen Rede war es ein deutliches Signal, dass es den Amerikanern nicht mehr um ganz Berlin ging. Viele Ostdeutsche interpretierten dies auf ihre Weise: Nachdem bereits infolge des Wiener Gipfeltreffens die Zahl der Menschen, die die DDR in Richtung Westberlin verließen, auf 20 000 pro Woche gestiegen war, erhöhte sich diese Zahl nach der Kennedy-Rede noch einmal. Das wiederum vergrößerte den Druck auf die Regierung der DDR, die bereits geplanten Maßnahmen zur Schließung der Sektorengrenze umzusetzen.

Wenige Tage, nachdem der ostdeutsche Partei- und Regierungschef Walter Ulbricht am 15. Juli öffentlich erklärt hatte: »Niemand hat die Absicht, eine Mauer zu errichten!«, fiel gemeinsam mit den Russen die Entscheidung,

Westberlin (…) ist in vieler Hinsicht von Bedeutung. Es ist mehr als nur ein »Schaufenster der Freiheit«, mehr als nur ein Symbol und eine Insel der Freiheit in der kommunistischen Flut. Es ist sogar mehr als nur ein Bindeglied zur freien Welt, mehr als nur ein Leuchtfeuer der Hoffnung hinter dem Eisernen Vorhang oder ein Durchschlupf für Flüchtlinge.

Aus Kennedys Rede zur Berlinkrise am 25. Juli 1961

den Bürgern der DDR den freien Zugang nach Westberlin zunächst durch Stacheldraht und später durch eine Mauer – den »antifaschistischen Schutzwall« – zu versperren. Erich Honecker, beim Zentralkomitee Verantwortlicher für Sicherheitsfragen, leitete die Vorbereitungen für die »Sicherungsmaßnahmen an der Staatsgrenze«. In den frühen Morgenstunden des 13. August 1961 begannen Angehörige von Volkspolizei und Nationaler Volksarmee sowie Mitglieder von Betriebskampfgruppen mit der Abriegelung Westberlins, blockierten Zufahrtsstraßen nach Ostberlin und unterbrachen den S- und U-Bahnverkehr.

Die US-Regierung hatte keine Hinweise auf eine bevorstehende Schließung der Sektorengrenze bekommen. Kennedy wurde erst etwa 12 Stunden später informiert. Es war Wochenende, und er segelte in der Nähe von Hyannis Port, als die Nachricht ihn erreichte. Der Präsident ordnete an, energisch gegen die Reisebeschränkungen zu protestieren – und wandte sich wieder seinen Wochenendaktivitäten zu.

Wie ist diese scheinbare Gleichgültigkeit gegenüber den dramatischen Geschehnissen in Berlin zu erklären? Aus Washingtoner Sicht blieben die Ereignisse nach dem 13. August im Rahmen dessen, was man zu akzeptieren bereit war und schon zuvor im Bereich des Möglichen gesehen hatte. Bereits 1957 hieß es in einem Geheimdienstdokument,

21 Eine Stadt wird geteilt: Mauerbau an der Berliner Sektorengrenze, 18. August 1961

die Ostdeutschen und die Russen seien in der Lage, die Sektorengrenze ohne vorherige Warnung zu schließen. Im März 1961 spekulierte der US-Botschafter in Moskau, die DDR könne die Grenze zu Westberlin schließen, um die weitere Abwanderung ihrer Bürger zu unterbinden. Wie, fragte Llewellyn Thompson, sollten die Vereinigten Staaten in diesem Falle reagieren, wenn die Zugangsrechte der Alliierten nicht angetastet würden? Und schließlich erklärte Senator William Fulbright in einem Interview des Fernsehsenders ABC am 30. Juli, er verstehe nicht, warum die Ostdeutschen nicht die Grenzen schlössen: Das hätten sie schon längst tun können, ohne gegen bestehende Verträge zu verstoßen. Nur zwei Wochen später tat die DDR-Regierung genau das. Für die Amerikaner war entscheidend, dass die »Essentials« unberührt blieben. Dass der Zugang nach Ostberlin kein Kriegsgrund war, stand schon lange fest.

Doch Kennedy hatte die Wirkung der Ereignisse auf die Westberliner unterschätzt. Der Regierende Bürgermeister Willy Brandt schrieb ihm einen aufgebrachten Brief, in dem er ihn vor einer schweren Glaubwürdigkeitskrise warnte, wenn der Westen weiterhin untätig bliebe und lediglich rein defensive Maßnahmen ergreife. Verunsicherte Westberliner verließen bereits die Stadt. Die ›BILD-Zeitung‹ titelte in großen Buchstaben: »Der Westen tut NICHTS! Präsident Kennedy schweigt …« Der US-Präsident war zunächst erzürnt über derartige Kritik, was auch in seiner Antwort an Brandt deutlich wurde, den er zur Besonnenheit aufrief. Die Lage sei zwar ernst, aber außer einer militärischen Reaktion habe man keine Handlungsmöglichkeiten.

Ich muß sagen, daß ich mich immer gewundert habe, daß die Ostdeutschen so lange gewartet haben, bis sie die Grenze geschlossen haben.

Der britische Botschafter in Bonn, Christopher Steele, in einem Bericht nach London am 14. August 1961

Als ihn auch immer mehr amerikanische Stimmen aus Deutschland erreichten, die von einem wachsenden Verlust an Vertrauen in die westliche Führungsmacht sprachen, griff Kennedy in die Trickkiste der symbolischen Politik, die er glänzend beherrschte. Er schickte den zunächst unwilligen Lyndon B. Johnson und den Luftbrücken-Helden Lucius D. Clay nach Westberlin, um die Bürger der amerikanischen Solidarität zu versichern. Hunderttausende feierten seine beiden Emissäre bei der Fahrt durch die Stadt – nur Kennedy selbst wurde knapp zwei Jahre später noch begeisterter empfangen. Als Höhepunkt ihres Aufenthaltes begrüßten Johnson und Clay am 20. August an der Sektorengrenze 1500 aus dem westdeutschen Helmstedt nach Berlin beorderte US-Soldaten. Ihre Ankunft war der Beweis, dass der Zugang nach Westberlin für die Alliierten weiterhin offen war. Und auch die Soldaten wurden von den Westberlinern bei der Fahrt über den Kurfürstendamm bejubelt. Der Kommandeur fühle sich an die Begeisterung bei der Befreiung Frankreichs im Zweiten Weltkrieg erinnert, schrieb die Berliner US-Mission nach Washington. Der Johnson-Besuch war aus ihrer Sicht »ein überwältigender Erfolg«: Die Moral der Westberliner sei wiederhergestellt, und von verzweifelter Stimmung gebe es keine Spur mehr.

Mitte Oktober spitzte sich die Lage noch einmal dramatisch zu. Zunächst waren Amerikaner in Zivil, dann auch eindeutig als Militärangehörige identifizierbare Personen gegen bestehende Abkommen von DDR-Grenzsoldaten gezwungen worden, sich bei der Fahrt in den Ostteil der Stadt auszuweisen. Als Gegenmaßnahme fuhr Clay, der

22 Ein Bad in der Menge: Lyndon B. Johnson während seines Berlin-Besuchs am 19. August 1961

als »persönlicher Repräsentant des Präsidenten« in Berlin residierte, im wahrsten Sinne des Wortes »schweres Geschütz« auf. Einige der Panzer, die Clay mehrfach am Grenzübergang Checkpoint Charlie Position beziehen ließ, verfügten über Bulldozerschaufeln. Weil es auf amerikanischer Seite bereits Übungen zum Einreißen von Mauern gegeben hatte, war die DDR-Führung alarmiert und drängte die Russen einzugreifen. Zehn sowjetische Panzer wurden in der Nacht vom 25. zum 26. Oktober in die Friedrichstraße beordert, wo sie die nächsten 16 Stunden einer ebenso großen Zahl amerikanischer Panzer gegenüberstanden. Über einen Sondervermittler entschärften Kennedy und Chruschtschow schließlich die Situation, und nach den russischen zogen auch die amerikanischen Panzer ab.

Etwa zur selben Zeit fasste Kennedys Sicherheitsberater Bundy die Ziele der amerikanischen Deutschlandpolitik

zusammen. Die drei »Essentials« hätten immer noch Gültigkeit. Die »abnormale und inhumane« Berliner Mauer werde abgelehnt, »aber bisher hat noch niemand einen guten Vorschlag gemacht, wie man sie aus dem Weg räumen könnte«. Den »nervösen Deutschen« könnten die Amerikaner zusichern, dass sie ihre Schutzzusage nicht zurückziehen und sich weiterhin um die friedliche Wiedervereinigung Deutschlands bemühen würden. Allerdings war Letzteres in weite Ferne gerückt.

Insgesamt bedeutete der Mauerbau aus amerikanischer Sicht zwar keine wirkliche Lösung des Berlin-Problems, aber immerhin ein vorläufiges Ende der Krise, auch weil man nicht mehr den Einmarsch russischer Truppen in Westberlin befürchtete. Die nun einsetzende relative Stabilisierung der DDR geschah nicht ohne Gesichtsverlust für den Osten, der seiner unwilligen Bürger nur durch Zwangsmaßnahmen Herr werden konnte. Doch sie war ein Teilerfolg. Durchaus selbstkritisch diskutierten Kennedys Berater später, ob es eine Alternative zu der fast nur symbolischen Reaktion auf den Mauerbau gegeben hätte. Es herrschte Konsens darüber, dass dies nur bei Gefahr eines Krieges möglich gewesen wäre – was niemand ernsthaft in Erwägung gezogen hatte.

Kennedys Staatsbesuch in der Bundesrepublik im Sommer 1963 diente vor allem dazu, die Westdeutschen der amerikanischen Unterstützung zu versichern und das deutsch-amerikanische Band wieder zu festigen, was aus mehreren Gründen nötig erschien. Misstrauisch beäugten die Vereinigten Staaten die deutsch-französische Annäherung. Außerdem sollte die Bundesrepublik gedrängt wer-

23 Hunderttausende Berliner lauschten Kennedys Ansprache vor dem Schöneberger Rathaus am 26. Juni 1963 und seinen berühmten Worten: »Ich bin ein Berliner!«

den, ein Atomteststopp-Abkommen zu unterstützen. Weil auch die DDR unterzeichnen wollte, hätte das aus der Sicht von Bundeskanzler Adenauer eine implizite Aufwertung des anderen deutschen Staates bedeutet.

Während seiner Deutschlandreise wurde der amerikanische Präsident überall begeistert empfangen. Sein mit Spannung erwarteter Besuch Westberlins am 26. Juni war der Höhepunkt und glich einem Triumphzug. Über eine Million Menschen standen auf den Straßen oder warteten am Schöneberger Rathaus, dem damaligen Amtssitz des Regierenden Bürgermeisters, wo der Präsident zu den Berlinern sprechen wollte. Fast jeder zweite Westberliner behauptete später, ihn persönlich gesehen zu haben.

Was er dann vor 200 000 Menschen am damaligen Rudolph-Wilde-Platz vor dem Rathaus Schöneberg sagte, ist vor allem eines Satzes wegen berühmt geworden, den Kennedy lange geübt und sich mit Aussprachehilfen auf eine Karteikarte notiert hatte: »Ich bin ein Berliner.« Weniger in Erinnerung blieb der Rest der Rede, die Kennedy kurzfristig verändert hatte. Aufgewühlt von Stopps am Brandenburger Tor und am Checkpoint Charlie, verurteilte er die Berliner Mauer als »abscheulichste und stärkste Demonstration für das Versagen des kommunistischen Systems«. Kennedy vergaß dabei für einen Moment, dass die Zeichen auf Entspannung mit dem Ostblock standen, und betonte den Antagonismus des freien Westens und unterdrückerischen Kommunismus. Seine anwesenden Berater waren nicht glücklich über diesen Rückfall in die Rhetorik des Kalten Krieges. Am Nachmittag, anlässlich der Verleihung der Ehrenbürgerwürde an der Freien Universität

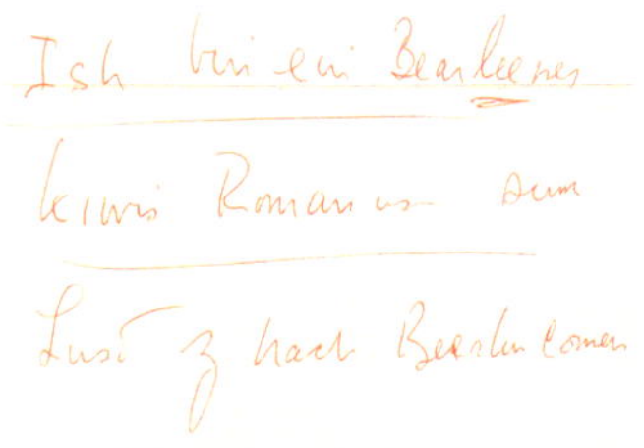

24 Nichts bleibt ungeplant: Karteikarten mit amerikanisierter »Lautschrift« deutscher und lateinischer Sätze für Kennedys Ansprache vor dem Rathaus Schöneberg in Berlin

Berlin, bemühte sich Kennedy, das Bild wieder zu korrigieren: »Woran ich glaube, ist die Notwendigkeit der Zusammenarbeit der Großmächte zur Rettung des Menschen als Gattung, da wir sonst vernichtet werden können.« Der Besuch des amerikanischen Präsidenten dauerte nur acht Stunden, doch er hinterließ bei ihm persönlich wie bei den Westberlinern einen tiefen Eindruck. Auf dem Flug von Berlin nach Irland sagte er: »Solange wir leben, werden wir niemals wieder einen solchen Tag wie heute erleben.«

Anders als in Berlin, wo sich die Lage im Sommer 1963 deutlich entspannt hatte, steuerte sie in Südostasien, dem dritten großen Krisenherd dieser Jahre, auf einen Siedepunkt zu. Ähnlich wie im Falle Kubas waren die Schwierigkeiten in Laos in gewisser Weise ein Erbe, das die Kennedy-Administration übernommen hatte. Präsident Eisenhower hatte 1957 eine von Regierung, Militär und den kommunistischen Rebellen des Pathet Lao gewünschte Neutralität des Landes verhindert. Mit Hinweis auf die Domino-Theorie schärfte er seinem Nachfolger ein, Laos auf keinen Fall an die Kommunisten zu verlieren und die Neutralität des Landes zu verhindern. Im Laufe des Jahres 1960 eskalierte die Lage in dem Königreich, und es bestand die Gefahr, dass es zu einem größeren militärischen Konflikt unter Beteiligung der Russen und der Amerikaner kommen könnte. Um seine Entschlossenheit zu beweisen, schickte Kennedy im Frühjahr sogar die 7. US-Flotte in Richtung Südchinesisches Meer.

Doch aus Sorge, kurz nach der Schweinebucht-Invasion ein zweites außenpolitisches Desaster zu erleben, stimmten die Amerikaner Ende April Verhandlungen zu. Bereits

Ich habe gestern gesagt, daß ich meinem Nachfolger ein kleines Briefchen hinterlassen werde, das nur zu einem Zeitpunkt großer Entmutigung zu öffnen sei. Es werden nur drei Worte darin stehen: »Go to Germany.« Vielleicht werde ich eines Tages diesen Brief selber aufmachen.

John F. Kennedy am Berliner Flughafen Tegel
bei seinem Abschied am 26. Juni 1963

Anfang Mai wurde ein Waffenstillstand vereinbart, und am 23. Juli 1961 folgte ein Abkommen über die Neutralität von Laos. Doch das bedeutete vor allem, dass von jetzt ab die militärische Unterstützung der jeweiligen Seite verdeckt erfolgte. Mit seinem Einlenken wendete Kennedy zwar eine weitere Eskalation ab – die US-Stabschefs hatten eine militärische Intervention gefordert –, doch zugleich wurde die Glaubwürdigkeit der Vereinigten Staaten unter den asiatischen Verbündeten schwer beschädigt. Umso mehr richtete sich der Blick jetzt auf Vietnam.

Das südostasiatische Land hatte eine lange Geschichte der Besatzung hinter sich. Einst Teil der französischen Kolonie Indochina, war Vietnam im Zweiten Weltkrieg von Japan okkupiert worden. Nach der Vertreibung der japanischen Besatzer durch die Befreiungsbewegung Viet Minh erklärte Ho Chi Minh am 2. September 1945 unter Bezugnahme auf die amerikanische »Declaration of Independence« die Unabhängigkeit des Landes. Die USA, die den Rebellen noch kurz zuvor Unterstützung gegen die Japaner gewährt hatten, verweigerten ihnen jetzt jede Hilfe gegen die Versuche Frankreichs, die alte Kolonie zurückzugewinnen. Seit 1950 erhielten die Franzosen sogar amerikanische Militär- und Finanzhilfe für den Kampf gegen die Viet Minh. Nach schweren Niederlagen zog sich Frankreich 1954 aus Vietnam zurück.

Auf der Friedenskonferenz in Genf wurde im selben Jahr die vorläufige Teilung des Landes am 17. Breitengrad beschlossen. Die USA, die das Genfer Friedensabkommen nicht unterzeichnet hatten, fürchteten einen Sieg Ho Chi Minhs bei den für Juli 1956 angesetzten freien nationalen

---

> Manchmal mußte dieses Land [die Vereinigten Staaten unter Kennedy] aus Gründen der nationalen Sicherheit Diktatoren helfen, besonders in den neueren Nationen, die noch nicht bereit waren für echte Demokratie.
>
> *Theodore Sorensen*

Wahlen, die zu einer Wiedervereinigung Vietnams führen sollten. Der von den Amerikanern unterstützte Staatschef Ngo Dinh Diem, ein entschiedener Antikommunist, hielt deshalb im südlichen Teil des Landes ein manipuliertes Referendum über seine Präsidentschaft ab und rief im Oktober 1955 die Republik Südvietnam aus. Freie Wahlen fanden nicht statt, und das Land blieb geteilt. Mit der Gründung der »Nationalen Front für die Befreiung Südvietnams« (NLF), den so genannten Vietcong, bekam der bewaffnete Befreiungskampf im Süden im Dezember 1960 eine neue Dimension. Die sich vor allem auf die Vereinigten Staaten stützende Herrschaft Diems war ernsthaft gefährdet.

John F. Kennedy hatte in der Vergangenheit mehrfach den Antrieb nationaler Befreiungsbewegungen diskutiert. Eine kritische Rede zur französischen Algerienpolitik hatte im Juli 1957 im Senat für einigen Wirbel gesorgt. Darin hatte Kennedy die Eisenhower-Regierung aufgefordert, endlich die Zeichen der Zeit zu erkennen und nicht mehr die alten Kolonialmächte im Kampf gegen die nach Freiheit strebenden Völker zu unterstützen. Sonst träfe der Imperialismusvorwurf auch die Vereinigten Staaten zu Recht. Es hatte also Anlass zur Hoffnung bestanden, dass Kennedy als Präsident die Außenpolitik nicht nur durch die Brille des Kalten Krieges betrachten würde. Doch wie bereits das Beispiel Kuba zeigt, gelang es ihm nur sehr begrenzt, sich nach seinem alten Postulat zu richten und die in den jeweiligen gesellschaftlichen Verhältnissen begründeten Antriebskräfte für nationalistische Befreiungsbewegungen in Ländern der Dritten Welt als solche anzuerkennen.

[Wir dürfen] die Gewalt des ewigen Dranges des Menschen nach Freiheit und Unabhängigkeit nicht übersehen. Der weltumspannende Kampf gegen den Imperialismus, der Sturm des Nationalismus, der über die Erde fegt, ist der mächtigste Faktor in der heutigen Außenpolitik. Wir können uns gegen ihn stellen, können ihn ignorieren – aber nur eine kleine Weile.

Aus Kennedys Algerien-Rede im Senat, Juli 1957

Innerhalb der Kennedy-Regierung sowie in der schon im Frühjahr 1961 eingesetzten Sonderarbeitsgruppe herrschte keine Einigkeit über den künftigen Kurs in Vietnam. Fest stand aber, dass man »die kommunistische Beherrschung Vietnams« auch durch verdeckte Militäraktionen verhindern wollte. Den vor allem vom Pentagon geforderten Einsatz von regulären US-Truppen lehnte Kennedy ab, aber die Zahl der so genannten »Militärberater« stieg bis Herbst 1963 von knapp 800 auf über 16000. Schon damit verstießen die USA gegen das Genfer Abkommen. Kennedy stimmte außerdem der Erhöhung der Militärhilfe zu, lieferte Hubschrauber und gepanzerte Fahrzeuge. Ende 1961 erteilte der Präsident zum ersten Mal die Erlaubnis zum Einsatz von Napalm und anderen Entlaubungsmitteln. Damit sollten die Rückzugsgebiete der Befreiungsbewegung NLF zerstört und ihre Ernten vernichtet werden.

Seit 1962 setzte die Kennedy-Administration auf den Anti-Guerillakampf. Beeinflusst von Modernisierungstheoretikern wie dem stellvertretenden Sicherheitsberater Walt Rostow, war die so genannte »Counterinsurgency«-Strategie eine Kombination aus militärischer, wirtschaftlicher und psychologischer Kriegsführung. Besondere Bedeutung hatte dabei das im März 1962 begonnene »Wehrdorfprogramm« (Strategic Hamlet Program). Ein Hauptziel war dabei, die Kämpfer der NLF von der ländlichen Unterstützung abzuschneiden. Dazu mussten die Dörfer zunächst militärisch gesichert werden. Der nächste Schritt sah den Aufbau einer funktionierenden lokalen Verwaltung vor, die schließlich durch Verbesserung der Lebensbedingungen die Resistenz der Dorfbewohner gegen den Kommu-

In mancher Hinsicht denke ich, daß das vietnamesische Volk und wir uns einig sind: Wir wollen den Krieg gewinnen, die Kommunisten eindämmen, und wir wollen, daß die Amerikaner nach Hause gehen. Das ist unsere Politik. Ich bin sicher, es ist die Politik des vietnamesischen Volkes. Aber wir sind nicht dort, um den Krieg zu verlieren.

John F. Kennedy, Pressekonferenz am 12. September 1963

nismus erhöhen sollte. Der Versuch, auf diesem Wege die »Herzen und Sinne« der Landbevölkerung zu gewinnen, war jedoch von Anfang an zum Scheitern verurteilt: Die Menschen wurden oft gezwungen, in den festungsartigen Dörfern zu wohnen. Hier herrschten meist Korruption und Missmanagement. Außerdem waren die Wehrdörfer immer wieder Angriffsziele der NLF. Aufgrund der militärischen Erfolge fiel die Jahresbilanz 1962 aus amerikanischer Sicht dennoch positiv aus. Von einem erhofften Sieg war man noch weit entfernt, doch das bedeutete in erster Linie »keine Niederlage«, das heißt keinen »Verlust« von Südvietnam. Dass die Lage ein Jahr später weit düsterer werden sollte, hatte vor allem mit dem südvietnamesischen Präsidenten Diem zu tun.

Der unbeliebte, aber amerikafreundliche Machthaber, den der amerikanische Vizepräsident Johnson bei einem Besuch in Vietnam im Mai 1961 als »Winston Churchill Südostasiens« gelobt hatte, wurde zunehmend zu einer Belastung. Am 8. Mai 1963, dem Geburtstag Buddhas, ließ der katholische Herrscher auf feiernde Gläubige schießen, die zur mit Abstand größten religiösen Gruppe des Landes gehörten. Mehrere Menschen starben. Nachdem bei weiteren Unruhen zahlreiche Mönche inhaftiert worden waren, verbrannte sich am 11. Juni 1963 der buddhistische Mönch Quang Duc aus Protest gegen Diem auf offener Straße. Die Bilder waren in der ganzen Welt zu sehen und beschädigten das Ansehen der südvietnamesischen Regierung nachhaltig.

Als Diem auch noch Verhandlungen mit dem Norden begann, war er für die Amerikaner endgültig untragbar

Wir handelten, als glaubten wir, wir seien allwissend. Wir waren es nicht, wir sind es nicht, und wir werden es in Zukunft nicht sein. Auch wenn es Ausnahmen geben mag, wir brachen die folgende Regel in Vietnam: Benutze Macht, vor allem militärische Macht, nur in einem multilateralen Rahmen.

Robert S. McNamara im Jahre 1999 über die amerikanische Vietnampolitik unter Kennedy und Johnson

geworden. Ein Militärcoup stürzte ihn am 1. November. Diems Ermordung am nächsten Tag hatte die Kennedy-Regierung zwar nicht unbedingt gewollt, doch der Putsch war mit ihrem Wissen und ihrer Duldung durchgeführt worden. Damit waren die Vereinigten Staaten noch tiefer in den Konflikt verwickelt, und nichts sprach für ein baldiges Ende des militärischen Engagements.

In den späten 60er-Jahren, als der Krieg in Vietnam voll entbrannt war und Hunderttausende US-Soldaten dort kämpften, wuchs die Kritik an der Politik Lyndon Johnsons. Wäre Kennedy nicht ermordet worden, so meinten nun viele, wäre die Geschichte ganz anders verlaufen. Kennedy sei entschlossen gewesen, die amerikanischen Militärangehörigen möglichst bald aus Vietnam abzuziehen. Das sei der eigentliche Grund für das Attentat gewesen: Der militärisch-industrielle Komplex habe unbedingt einen Krieg gewollt und Kennedy deshalb aus dem Weg geräumt.

Nicht nur bezüglich des Vietnamkriegs stellt sich die Frage: Was wäre gewesen, wenn Kennedy nicht ermordet worden wäre? Eine definitive Antwort darauf kann man nicht geben, doch die vorhandenen Quellen geben zumindest Hinweise. Obwohl Kennedy die Zahl der »Militärberater«

25 Der Mönch Quang Duc verbrennt sich auf einer Straße in Saigon, 11. Juni 1963

vervielfachte, immer umfangreichere Einsätze autorisierte und die Militärhilfe massiv erhöhte, widersprach er bis zum Schluss den viel weiter gehenderen militärischen Forderungen auch aus seinem engsten Beraterkreis. Ebenso deutlich lehnte er aber auch Verhandlungen ab. Einige von Kennedys Vertrauten und ehemalige Regierungsmitglieder haben später behauptet, er habe ihnen in den letzten Monaten vor seinem Tod von dem Plan erzählt, nach seiner Wiederwahl 1964 die amerikanischen Soldaten aus Vietnam abzuziehen. Dass sie damit erst an die Öffentlichkeit gingen, als der Vietnamkrieg immer tragischer verlief und in der internationalen Kritik stand, mindert die Glaubwürdigkeit dieser Aussagen. Die Ankündigung, dass Ende 1963 zunächst 1000 Amerikaner abgezogen werden sollten, wurde zu einem Zeitpunkt gemacht, als die Lagebeschreibungen noch weit positiver waren. Außerdem wollte die Kennedy-Regierung damit Druck auf Diem ausüben. Theodore Sorensen, dessen 1965 erschienene Kennedy-Biografie bisweilen hagiografische Züge trägt, erwähnt zwar auch das Ziel, sich aus dem Land zurückzuziehen. Aber er erklärt gleichzeitig: »Im November 1963 war kein baldiges Ende des Vietnamkrieges abzusehen.«

Möglicherweise hätte Kennedy auf die sich verändernde Situation im Winter 1963 anders reagiert, als es sein Nachfolger tat. Doch auch ihn trieb vor allem die Sorge um die amerikanische Glaubwürdigkeit und die Angst vor einem fallenden Dominostein an. Gegenüber der Presse erklärte Kennedy am 17. Juli 1963 mit Blick auf den Kampf der Südvietnamesen: »Wir werden unsere dortigen Bemühungen nicht aufgeben. Meiner Meinung nach würde ein

Reporter: Mr. President, haben sie irgendeinen Grund, an der sogenannten Domino-Theorie, daß wenn Südvietnam fällt, der Rest Südostasiens nachfolgen wird, zu zweifeln?
Kennedy: Nein, ich glaube daran. Ich glaube daran.

Aus einem Interview des Fernsehsenders NBC vom 9. September 1963

Ende unserer Bemühungen den Zusammenbruch nicht allein von Südvietnam, sondern von Südostasien bedeuten. Deshalb bleiben wir da.«

Es ist fraglich, ob Kennedy eine nichtmilitärische »Lösung« gewählt hätte. Dafür ging es im Kalten Krieg um zu viel. Im November 1963 spielte Kennedy noch auf Zeit. Er hatte weder eine definitive Entscheidung über die Entsendung von Truppen noch über das Ende des militärischen Engagements getroffen. Sein gewaltsamer Tod bewahrte Kennedy möglicherweise davor, selbst dafür verantwortlich zu sein, dass die USA in Vietnam endgültig ihre Unschuld verloren.

New Frontiers

Für den späten Abend des 13. Oktober 1960 hatte Kennedy keine weitere Wahlkampfveranstaltung mehr geplant. Am nächsten Tag standen mehrere Auftritte in Michigan auf dem Programm, und die Nacht davor wollte er in der Universitätsstadt Ann Arbor verbringen. Wie ein Lauffeuer hatte sich innerhalb kürzester Zeit unter den Studenten und Studentinnen herumgesprochen, dass der Demokratische Präsidentschaftskandidat in der Nacht eintreffen würde. Als Kennedy kurz vor 2 Uhr morgens aus dem Auto stieg, empfingen ihn 10 000 Menschen. Auf der Treppe des Studentenhauses wandte er sich in einer spontanen Rede an die Wartenden: »Wie viele von Ihnen, die Arzt werden wollen, sind bereit, in Ghana zu leben? Techniker oder Ingenieure, wer von Ihnen ist bereit, im

26 Präsident Kennedy empfängt Peace Corps Volunteers der ersten Stunde im Weißen Haus, 28. August 1961.

Auslandsdienst zu arbeiten und um die Welt zu reisen? Von Ihrer Bereitschaft, das zu tun, (…) einen Teil Ihres Lebens für Ihr Land zu geben, wird, denke ich, die Antwort darauf abhängen, ob eine freie Gesellschaft wettbewerbsfähig ist. (…) So bin ich heute gekommen, um zu Bett zu gehen. Aber ich bin auch gekommen, um Sie aufzufordern, sich diesem Unternehmen anzuschließen.«

Wie so oft in diesem Wahlkampf hatte Kennedy keine Versprechungen gemacht, sondern seine begeisterten Zuhörer aufgefordert, tätig zu werden und Opfer für ihr Land zu bringen. Beim Nominierungsparteitag in Los Angeles hatte er sie aufgerufen, Pioniere der »New Frontier« zu werden und sich aktiv den vielen Herausforderungen im In- und Ausland zu stellen. »New Frontier« wurde später zum Label seines Regierungsprogramms, unter das verschiedenste Reforminitiativen und das Apollo-Projekt subsumiert werden konnten. Nur wenige Programme spiegelten den Aufbruchsgeist der Kennedy-Zeit in so besonderer Weise wider wie das »Peace Corps«. Und auch wenn der Name in Ann Arbor nicht gefallen war, galt die improvisierte Ansprache später als Geburtsstunde der Organisation.

Die Idee, junge amerikanische Freiwillige nach Übersee zu schicken, um dort den Menschen zu helfen, war nicht neu. Senator Hubert Humphrey und der Kongressabgeordnete Henry Reuss hatten eine erste Initiative zur Schaffung eines Jugendkorps ergriffen und 1960 entsprechende Gesetzentwürfe eingebracht. Auch der Name »Peace Corps« fiel hier bereits. Nachdem der Präsidentschaftskandidat Kennedy anfangs wenig mit der Idee anfangen

Was besonders erfreulich ist: Dieser Vorschlag [zur Gründung eines Peace Corps] ist unmittelbar, nachdem er gemacht war, von Studentengruppen, Berufsverbänden und privaten Bürgern in allen Teilen unseres Landes

konnte, setzte er seine Berater auf das Thema an. Reuss selbst erarbeitete später ein Positionspapier für ihn.

Knapp zwei Wochen nach der Rede in Ann Arbor stieß der ehemalige General James Gavin mit einem ähnlichen Vorschlag auf große Zustimmung bei mehreren hundert Collegepräsidenten und Topmanagern. Gavins Ziel war es, eine Alternative zum bei Studenten immer unbeliebteren Militärdienst zu schaffen. Wenn junge Menschen wissenschaftlichen und pädagogischen Sachverstand in Länder der Dritten Welt brächten, verbesserte sich dadurch auch das Image der USA, so Gavin. Der prominente Chef der Consultingfirma Arthur D. Little wusste nichts von Kennedys Rede in Ann Arbor, die kaum Schlagzeilen gemacht hatte. Gemeinsam mit dem Gouverneur von South Carolina, dem Kennedy-Unterstützer Ernest Hollings, nahm er Kontakt mit dem Präsidentschaftskandidaten auf, um ihn von seiner Idee zu überzeugen. Kennedy bat um eine kurze schriftliche Zusammenfassung der Überlegungen, die dann auch den Namensvorschlag »Peace - Corps« enthielt. Zwei Tage nach Erhalt machte er sich die Idee zu Eigen.

Bei einer Rede in San Francisco kritisierte Kennedy am 2. November 1960, dass die Regierung in der Vergangenheit oft wenig geeignete Botschafter ernannt habe, die meist noch nicht einmal die Sprache des Landes beherrschten, in dem sie eingesetzt wurden. Dies schade dem Ansehen Amerikas. Die Russen hingegen schickten viele Ärzte, Lehrer und Fachkräfte in die Länder Afrikas und Asiens. Kennedy kündigte sein Vorhaben an, nach seiner Wahl zum Präsidenten »ein Peace Corps talentier-

begeistert aufgenommen worden – ein überzeugender Beweis, daß wir hierzulande eine gewaltige Reserve an opferwilligen Männern und Frauen haben, die bereit sind, ihre Zeit, ihre Kraft und alle ihre Anstrengungen der Sache des Weltfriedens und dem Fortschritt der Menschheit zu widmen.

Aus Kennedys Sonderbotschaft an den Kongress über die Errichtung eines Peace Corps, 1. März 1961

ter junger Männer und Frauen, die gewillt sind, ihrem Land (...) zu dienen«, zu gründen. Die Vereinigten Staaten müssten zwar auch in Zukunft junge Männer zu »Soldaten des Krieges« ausbilden, aber daneben sollte es »Botschafter des Friedens« geben. Das Konzept war noch sehr vage, und dieser Ankündigung folgte in den nächsten Monaten keine Konkretisierung. Doch nach der großen Publizität, die diese Rede erfuhr, erhielt Kennedys Übergangsteam bis zum Amtsantritt 20 000 Anfragen zum Peace Corps.

Als eine seiner ersten Amtshandlungen beauftragte der neue Präsident seinen Schwager R. Sargent Shriver, an der Spitze einer Kommission ein Konzept zu entwickeln. Am 22. Februar erhielt Kennedy den Bericht von Shriver: »Nachdem ich auf Ihre Bitte hin die Probleme der Schaffung eines Peace Corps untersucht habe, schlage ich die ›sofortige‹ Gründung vor.« Shriver und seine Mitstreiter hatten sich für eine ehrgeizige Variante entschieden. Schon bis Jahresende sollten möglichst viele Freiwillige zum Einsatz in Ländern der Dritten Welt kommen. Die Freiwilligen, meist junge Männer und Frauen, sollten während ihrer etwa zweijährigen Dienstzeit kein Gehalt beziehen und so wohnen und leben wie die Menschen in ihren Gastländern. Um weitgehend autonom von bestehenden Ministerien und Regierungsstellen zu sein, wurde die Gründung einer eigenen Behörde vorgeschlagen. Besondere Uniformen, Abzeichen, Orden und Dienstränge sollte es nicht geben. Über die Namensgebung war zuvor lange diskutiert worden. Für die einen war »Peace« von der kommunistischen Propaganda besetzt, anderen er-

(...) im Alter von 64, nach einem Jahr im Ruhestand, bin ich gelangweilt vom Gärtnern, Golfen und dem gesellschaftlichen Leben.

Ich habe entschieden, daß der Schaukelstuhl noch ein paar Jahre warten muß.

Ich bin junge 62.

Auszüge aus Bewerbungsschreiben für das Peace Corps von älteren Menschen

schien »Corps« zu militärisch und eine dritte Gruppe favorisierte eine bürokratische Bezeichnung wie »Amt für den freiwilligen Dienst in Übersee«. Weil die normale Gesetzgebung mindestens 6 Monate in Anspruch genommen hätte und dann die Universitätsabgänger des Jahres 1961 nicht mehr verfügbar gewesen wären, wurde Kennedy nahe gelegt, das Peace Corps durch eine Sonderverordnung schnellstmöglich ins Leben zu rufen.

Mit seiner Unterschrift unter die »Executive Order« »10924«, die weitgehend den Vorschlägen der Kommission folgte, schuf der Präsident per Verordnung am 1. März 1961 das Peace Corps auf vorläufiger Basis. Drei Tage später machte er Shriver zum ersten Direktor. Die Finanzierung der neuen Behörde sollte bis zu ihrer Absegnung durch den Kongress aus dem Budget des Weißen Hauses erfolgen. In den nächsten Wochen und Monaten waren viele Aufgaben gleichzeitig zu bewältigen. Shriver und seine hochmotivierten Mitarbeiter, von denen viele um ihre Versetzung zu der neuen Einrichtung gekämpft hatten, mussten eine Organisationsstruktur entwickeln. Für den Beirat unter Vorsitz von Vizepräsident Johnson konnten Prominente wie Eleanor Roosevelt und der Sänger Harry Belafonte gewonnen werden.

Um genügend geeignete Bewerbungen zu bekommen, wurde eine Werbekampagne gestartet. Die ersten 5000, die sich den aufwändigen Aufnahmeprüfungen und psychologischen Eignungstests unterwarfen, waren überwiegend unverheiratete Collegestudenten mit einem geisteswissenschaftlichen Abschluss. 1963 lag der Frauenanteil bei etwa 40 Prozent. Schwarze machten in den Kennedy-

Es gibt mehr Großeltern im Peace Corps als Teenager.

Aus einem Brief von Peace-Corps-Direktor Shriver an Kennedy, 8. Juni 1962

Jahren trotz gezielter Bemühungen nur 5 Prozent der Freiwilligen aus.

Auf das bis zu dreimonatige Studium von Sprache und Kultur des Gastlandes an einer amerikanischen Universität sowie in Camps folgte ein kürzeres Training im Einsatzland. Vor allem Shriver bemühte sich darum, ausländische Regierungen für die Idee zu begeistern, damit sie viele Freiwillige anforderten. Träger der Projekte konnten die Peace-Corps-Behörde selbst, private Organisationen, Universitäten, Regierungsbehörden oder die Vereinten Nationen sein. Die Aufgaben waren vielfältig: Es gab Mediziner, Landvermesser und Ingenieure in Tansania, Lehrer und Sozialarbeiter in Venezuela und Peru, Sporttrainer für Olympiakandidaten in Thailand, Landwirtschaftsexperten in Pakistan u. v. a. Zwar wurde nur jeder fünfte Bewerber angenommen, doch schon bald gab es mehr Freiwillige als geeignete Einsatzorte, was zu großer Unzufriedenheit bei den Betroffenen führte.

Um skeptische Kongressmitglieder zu überzeugen, war schließlich intensive Lobbyarbeit in Washington zu leisten. Im Spätsommer stellten beide Häuser des Kongresses mit großer Mehrheit das Peace Corps auf ein dauerhaftes Fundament. Kennedy unterzeichnete das Gesetz am 22. September 1961. Bereits im Vormonat hatte er im Rosengarten des Weißen Hauses die erste Gruppe von Freiwilligen begrüßt, die in Ghana und Tansania arbeiten sollten.

Dem persönlichen Einsatz von Lyndon Johnson war es zu verdanken, dass das Peace Corps, auf das andere Regierungsstellen den Führungsanspruch erhoben, eine weitgehend unabhängige Institution blieb. Doch auch

Der Deutsche Entwicklungsdienst nahm sich das Peace Corps zum Vorbild. Er wurde am 24. Juni 1963 in Anwesenheit von John F. Kennedy in Bonn gegründet.

Die Gesellschaft soll durch die Entsendung von Freiwilligen ins Ausland und durch die Förderung einheimischer Jugend- und Entwicklungsdienste einen Beitrag zur Zusammenarbeit der Bundesrepublik Deutschland mit den Entwicklungsländern leisten.

Aus dem Gesellschaftsvertrag des DED

dies löste nicht die bis heute bestehende Ambivalenz des Peace Corps auf, einerseits vom echten Idealismus der Freiwilligen getragen zu werden, andererseits Teil einer außenpolitischen Initiative der Vereinigten Staaten zu sein.

Shrivers Kommission hatte eine klare Position bezogen: »Das Peace Corps ist kein diplomatisches oder propagandistisches Unternehmen, sondern ein genuines Experiment in internationaler Partnerschaft.« In der Realität schwankte es immer zwischen beiden Polen. Auf Druck des Kongresses mussten die ersten Freiwilligen Loyalitätsbekundungen abgeben und erhielten eine Broschüre mit dem Titel: »Was Sie über Kommunismus wissen sollten.«

Shriver konnte jedoch verhindern, dass die CIA sich das Peace Corps zunutze machte, was die Glaubwürdigkeit des Programms sofort zerstört hätte. Weder Bewerber noch ihre Ehepartner durften für einen in- oder ausländischen Geheimdienst gearbeitet haben. Sie durften frühestens fünf Jahre nach ihrem Dienst von einem Geheimdienst angeworben, dann aber nicht im selben Land eingesetzt werden. Auch Außenminister Rusk wies die US-Botschaften unmissverständlich darauf hin, dass die Peace-Corps-Freiwilligen nicht für andere Zwecke missbraucht werden dürften.

Das Peace Corps hatte offiziell drei Hauptziele: den Menschen in bedürftigen Ländern die Dienste von Amerikanern mit gesuchten Fähigkeiten anzubieten, dem Ausland ein besseres Verständnis der Vereinigten Staaten und ein positives Amerikabild zu vermitteln sowie den freiwilligen Entwicklungshelfern die Menschen und Länder der Dritten Welt näher zu bringen. Kritik an der Einrich-

Ende 1963 waren 7300 Männer und Frauen in 44 Ländern, von Afghanistan bis Uruguay, im Einsatz. Bis heute haben im **Peace Corps** mehr als 165 000 Freiwillige in 135 Ländern gearbeitet.

tung kam von rechts und links. Die erzkonservativen »Daughters of the American Revolution« sorgten sich, dass die Freiwilligen, den »moralischen und disziplinarischen Einflüssen ihres Heimatlandes« entzogen, zu »Sozialisten« werden könnten. Die Gegenseite hielt das Ganze für eine mit dem Mantel des Idealismus und der Hilfsbereitschaft geschickt getarnte Propagandamaßnahme, um revolutionäre Bauern und Arbeiter mit amerikanischen Werten zu indoktrinieren.

Beide hatten nicht völlig Unrecht. Viele der Peace-Corps-Freiwilligen sympathisierten offen mit Befreiungsbewegungen und der Kritik an der amerikanischen Außenpolitik. Die Mehrzahl von ihnen arbeitete als Lehrer, doch vor allem in Lateinamerika war der Anteil derer, die im so genannten »community development« eingesetzt waren, besonders hoch. Die Freiwilligen sollten den Menschen helfen, sich zu organisieren und aktiv für die Belange ihres Dorfes oder ihres Stadtteils einzutreten, Hilfe zur Selbsthilfe leisten. Durch ihr persönliches Beispiel amerikanische Werte und Pioniergeist vermittelnd, sollten sie dazu beitragen, die Länder vor der Haustür der Vereinigten Staaten mehr zu »amerikanisieren«, und so indirekt auch ein Gegengewicht zu sozialistischen Ideen schaffen.

In der breiten Öffentlichkeit galt das Peace Corps schon zu seinen Anfangszeiten als Erfolg und fand viele Nachahmer in anderen westlichen Ländern. Es entsprach fast perfekt dem Aufbruchsgeist der »New Frontier«, den Kennedy beschwor. Der Präsident hatte das Bedürfnis vieler junger Menschen erkannt, etwas Sinnvolles mit ihrem

27 Die Ambivalenz des Peace Corps: Jerry Page, 27, bei der Jugendarbeit in den Slums von Caracas in Venezuela. An der Wand ist zu lesen: »Nieder mit Kennedy«.

Leben zu machen, und bot ihrem Idealismus ein symbolträchtiges Betätigungsfeld. Die Zahl von »Kennedys Kindern«, wie die Freiwilligen manchmal genannt wurden, war gar nicht so groß, ihr Einsatz vor Ort nicht immer sinnvoll oder erfolgreich. Doch ihre Tätigkeit veränderte sie persönlich, vermittelte ein anderes, positives Bild von Amerika und steigerte die internationale Popularität John F. Kennedys.

Einem ähnlichen doppelten Antrieb – der Bekämpfung des Kommunismus und dem Wunsch nach echten sozialen Verbesserungen – entsprach ein international ausgerichtetes Programm: Auch die »Alliance for Progress« war im Kern keine Idee Kennedys oder seiner Berater, sondern fußte auf Vorüberlegungen der Eisenhower-Administration. In den frühen 50er-Jahren hatte Milton Eisenhower, der Bruder des Präsidenten, ein Reformkonzept zur Verbesserung der sozialen und wirtschaftlichen Situation der Länder Lateinamerikas vorgelegt. Doch erst die kubanische Revolution und die Sorge, andere Länder könnten diesem Beispiel folgen, führten im September 1960 zur Beantragung eines besonderen Entwicklungsfonds in Höhe von 500 Millionen Dollar beim Kongress. Im selben Monat einig-

ten sich die Länder der Organisation Amerikanischer Staaten (OAS) in Bogotá auf Maßnahmen zur Verbesserung der sozialen und wirtschaftlichen Situation des Kontinents.

John F. Kennedy war ein Kritiker der Lateinamerikapolitik seiner Vorgängerregierung gewesen. Nicht nur im Falle Kubas beklagte er ein Versagen der Vereinigten Staaten, die im Vergleich zu den kommunistischen Staaten erneut ins Hintertreffen geraten seien. Dass Vizepräsident Richard Nixon bei einem Besuch in Venezuela 1958 mit Steinwürfen empfangen worden war, galt ihm als deutliches Zeichen für den Imageverlust der USA in dieser Region.

Seinen Entwurf für eine andere Politik mit den südlichen Nachbarn deutete Kennedy am 18. Oktober 1960 in Tampa, Florida, an. In einer nur zum Teil gehaltenen Wahlkampfrede kündigte Kennedy eine »Alliance for Progress« an, eine Allianz für den Fortschritt der Länder des amerikanischen Kontinents, zu der auch Landreformen und mehr Demokratie gehören sollten. In seiner Antrittsrede wiederholte Kennedy dieses Versprechen. Bei einem Empfang im Weißen Haus stellte er schließlich am 13. März 1961 sein Programm ausführlich vor.

Zunächst bemühte sich Kennedy, einen gemeinsamen Nenner mit den 250 geladenen südamerikanischen Diplomaten herzustellen. Alle hätten in ihrer Geschichte einen Freiheitskampf gegen Kolonialmächte gefochten, so der US-Präsident. Er räumte »Fehler und Missverständnisse« der Lateinamerikapolitik seines Landes ein. Zur Bekämpfung der brennendsten regionalen Probleme wie Armut und Hunger, Krankheiten und Obdachlosigkeit präsentierte Kennedy dann ein Zehn-Punkte-Programm. Dazu

Zur Auswahl standen **Alliance for Progress** (Alianza para el Progreso) oder Alliance for Development (Alianza para el Desarollo). Kennedys Berater votierten auch deshalb für Ersteres, weil es auf Englisch wie auf Spanisch dieselben Wörter sind. Der Artikel »el« wurde bei der spanischen Bezeichnung zunächst gestrichen, weil Alianza para Progreso sich angeblich besser anhörte. Weil das Spanisch dadurch aber fehlerhaft war, wurde »el« später wieder eingefügt.

zählten die Verbesserung des Lebensstandards, eine Alphabetisierungskampagne, wirtschaftliche Entwicklung und Integration, wissenschaftliche Kooperation und Austausch sowie gemeinsame Verteidigungsanstrengungen: »Ich habe alle Menschen unserer Hemisphäre aufgerufen, sich in einer neuen ›Allianz für den Fortschritt‹ – ›Alianza para Progreso‹ – zusammenzuschließen, einem gewaltigen gemeinsamen Versuch, der an Größe und Erhabenheit seiner Zielsetzung nicht seinesgleichen hat, um die Grundbedürfnisse aller Amerikaner zu befriedigen: nach Wohnung, Arbeit und Ackerland, nach Gesundheit und nach Schulen – ›techo, trabajo y tierra, salud y escuela‹.« Außerdem habe er den Kongress aufgefordert, die in Bogotá zugesagten 500 Millionen Dollar endlich freizugeben. Mit den von ihm vorgeschlagenen Schritten solle die Revolution auf dem amerikanischen Kontinent zu ihrem Abschluss kommen: »›Fortschritt ja, Tyrannei nein‹ – ›progreso sí, tiranía no!‹«

Am 17. August 1961 unterzeichneten die USA und 19 süd- und mittelamerikanische Staaten – einzige Ausnahme war Kuba – in Punta del Este in Uruguay ein entsprechendes Abkommen. Begleitet von Demokratisierung und Landreformen, sollten in den folgenden zehn Jahren 100 Milliarden Dollar investiert werden, um bedeutende wirtschaftliche und soziale Fortschritte in der Region zu erreichen. Ein Fünftel der Summe wollten die Vereinigten Staaten bereitstellen.

Auf Kennedys Drängen bewilligte der US-Kongress zusätzliche Gelder für Auslands- und Entwicklungshilfeprogramme, die von einer neu geschaffenen Behörde für inter-

---

Der Präsident und seine Berater waren allerdings weniger konsequent in ihrer Haltung gegenüber militärischen Machtübernahmen (…) Er erkannte jedoch, daß das Militär oft mehr von der Verwaltung verstand und mehr Sympathien für die Vereinigten Staaten hatte als irgendeine andere Gruppe im Lande. Hätte man die Arbeit an der Allianz in jedem Land gestoppt, in dem keine echte Demokratie herrschte, wäre das ganze Programm gescheitert.

Theodore Sorensen

nationale Entwicklung (USAID) verwaltet werden sollten. Damit war auch eine klarere Trennung von militärischen und nichtmilitärischen Hilfsgeldern beabsichtigt.

Das Programm und die Rhetorik der »Alliance for Progress« waren wahrlich revolutionär. Ein Ende der Unterdrückung, Demokratie und Landreform, das waren neue Töne aus der Hauptstadt des »amerikanischen Imperialismus«. Auch in Lateinamerika gelang es Kennedy auf diese Weise, die Sympathien der Menschen zu gewinnen. Ihm und seiner Frau wurde im November 1961 ein begeisterter Empfang in Venezuela bereitet, am selben Ort, wo Richard Nixon wenige Jahre zuvor noch mit Steinen beworfen worden war.

Doch die mit so viel Hoffnung begonnene Fortschrittsallianz scheiterte schon weit vor Ablauf der zehn Jahre. Das hatte verschiedene Gründe. Schon zu Beginn richtete sich der Fokus zu sehr auf Probleme wie die Inflation, so dass ein Großteil der Gelder im ersten Jahr zur Preisstabilisierung verwendet wurde. In einer Selbstüberschätzung der eigenen Möglichkeiten hatten sich US-Planer den Marshall-Plan zum Vorbild genommen, ohne sich die gravierenden Unterschiede zwischen einem vom Zweiten Weltkrieg zerstörten Westeuropa und lateinamerikanischen

Ländern, in denen meist korrupte Eliten und Großgrundbesitzer das Sagen hatten, ausreichend vor Augen zu führen. Diese Gruppen waren ohnehin mehr an amerikanischer Finanz- und Militärhilfe interessiert als an Landreformen oder demokratischen Wahlen.

Und hier lag das Hauptdilemma. Kennedy hatte von Revolution gesprochen, doch im Zweifelsfall stand die Eindämmung der im Gange befindlichen sozialen Revolution des Kontinents im Vordergrund. Um jeden Preis sollte ein weiteres Kuba verhindert werden. Diese sich aus einem bedingungslosen Antikommunismus speisende Vorgehensweise brachte es mit sich, dass die Vereinigten Staaten auch als sinnvoll erachtete reformerische Ansätze bekämpften, wenn diese sich gegen befreundete Regierungen und Oligarchien richteten. Allein während Kennedys kurzer Amtszeit gab es sechs Militärputsche in der Region. Zudem stand die Kennedy-Administration unter dem Druck US-amerikanischer Großkonzerne.

Kennedys Berater haben später durchaus selbstkritisch eingeräumt, dass ihre hochfliegenden Pläne bereits in den ersten Jahren der Allianz zerstoben und insgesamt nur wenige Erfolge vorzuweisen waren. Allein angesichts der viel zu hoch gesteckten Ziele musste die Initiative scheitern. Die aufgrund geopolitischer Interessen bestenfalls halbherzige Umsetzung auf amerikanischer Seite tat ein Übriges. Wieder einmal konnten die hohen Erwartungen nicht eingelöst werden, die Kennedys Rhetorik geweckt hatte, doch es wäre zu einfach, ihn lediglich zu einem Blender zu erklären, der seine wahren Motive hinter humanitären Visionen verbarg.

---

28 Konfettiparade für die Kennedys in Mexico City, Juni 1962

Im Haushaltsjahr 1961 stellten die Vereinigten Staaten den **Regierungen der lateinamerikanischen Länder** 360 Ausbildungsplätze für die Bekämpfung von Aufständen, 344 für Counterinsurgency sowie 160 für psychologische Operationen zur Verfügung.

Meinungsumfragen in den städtischen Bezirken von sieben lateinamerikanischen Ländern im Sommer 1963 zeichnen ein differenzierteres Bild. Eine große Mehrheit sprach sich für Landreformen aus, jedoch nur eine Minderheit für die Verstaatlichung der Industrie. Die USA wurden häufiger als die Kommunisten als Befürworter von Landreformen wahrgenommen. Überhaupt war die Skepsis gegenüber Castro und dem Kommunismus weit verbreitet. Den Vereinigten Staaten wurde vorgeworfen, in der Vergangenheit zu oft diktatorische Regimes unterstützt zu haben. Das, so die Befragten, habe sich unter Kennedy geändert. Insgesamt war das Image der »Alliance for Progress« positiv, und noch wurden große Hoffnungen in sie gesetzt. Sollte die Allianz scheitern, so sah eine Mehrheit der Befragten die Schuld vor allem bei der eigenen Regierung – und nicht bei den USA.

Nicht nur in den Ländern Lateinamerikas und in anderen Teilen der Welt gab es drängende soziale Probleme, sondern auch in den Vereinigten Staaten selbst. Die Liste der Reformideen in den tausend Tagen der Kennedy-Präsidentschaft ist lang und beeindruckend. Die Erfolgsliste ist weit kürzer. Vieles blieb reine Rhetorik. Das hatte damit zu tun, dass es der Präsident häufig bei vagen Ankündigungen beließ. In den Fällen, wo dem eher unwilligen Kongress eine Initiative vorgelegt wurde, hatte die Administration sie nicht immer gut vorbereitet und bemühte sich dann zu wenig um ihre Umsetzung. Die Bilanz fällt erneut eher enttäuschend aus. Doch Kennedy verstand es, viele bis dahin wenig beachtete Themen ins öffentliche Bewusstsein zu rücken. Das gilt zum Beispiel für die weit verbreitete Armut.

Michael Harringtons Buch ›The Other America: Poverty in the United States‹ von 1962 trug entscheidend dazu bei, dass die zuvor »unsichtbare« Armut »sichtbar« wurde. Harrington beschrieb einen Teufelskreis der Armut, der nicht selbst gewählt oder allein durch individuelles Verschulden erklärbar sei, sondern in den viele Menschen durch soziale Herkunft oder Hautfarbe hineingeboren wurden.

Während einerseits immer mehr Menschen am Überfluss der Wohlstandsgesellschaft teilnehmen konnten, war etwa ein Viertel der US-Bevölkerung davon ausgeschlossen. Dazu zählten die Schwarzen in den Ghettos und die Indianer in den Reservaten, aber die überwiegende Mehrheit war weiß: Farmer und Minenarbeiter in den Appalachen, allein erziehende Frauen, viele alte Menschen. Die Armut des »anderen Amerika«, wie es der Publizist und Aktivist Michael Harrington später beschrieb, war meist »unsichtbar«.

Während des Vorwahlkampfes 1960 hatte Kennedy mit eigenen Augen die unterernährten Kinder und zerfallenden Behausungen in West Virginia gesehen und war erschüttert. In seiner Antrittsrede machte er die Armut zum Thema: »Wenn eine freie Gesellschaft den vielen, die arm sind, nicht helfen kann, kann sie auch die wenigen nicht retten, die reich sind.« Zwei Wochen später beantragte er die Erhöhung der Mindestlöhne. Im April wurde ein Gesetz auf den Weg gebracht, um wirtschaftlich schwache Regionen finanziell zu unterstützen, etwa durch Kredite an Kleinunternehmen. In der Folgezeit wurde Geld für Arbeitsbeschaffungsmaßnahmen und Umschulungen bewilligt, Sozialhilfegesetze wurden verlängert und ausgebaut, ein spezielles Programm für straffällig gewordene Jugendliche in Problemregionen aufgelegt. Die Programme zur Bekämpfung der Armut

29 Im Präsidentschaftswahlkampf 1960 lernte Kennedy auch das arme Amerika kennen, hier in West Virginia.

waren eher moderat. Nicht Umverteilung, sondern Strukturverbesserungen auf lokaler Ebene, Prävention und die Verbesserung der Chancen auf dem Arbeitsmarkt standen im Vordergrund. Den Vorsitzenden seines wirtschaftlichen Beirates, Walter Heller, beauftragte Kennedy Anfang 1963 damit, Überlegungen zur Bekämpfung von Armut anzustellen. Im Laufe des Jahres fielen jedoch noch keine Entscheidungen in diesem Bereich. Erst Präsident Johnson legte ein groß angelegtes Armutsbekämpfungsprogramm auf. Dabei konnte er auf Vorarbeiten der Kennedy-Administration zurückgreifen.

Ähnliches gilt für den Gesundheitsbereich, mit dem Unterschied, dass Kennedy hier für sein Reformvorhaben gekämpft hatte und auch einer Auseinandersetzung mit dem mächtigen Ärzteverband nicht aus dem Weg gegangen war. Die »American Medical Association« (AMA) hatte seinen Vorschlag vom Februar 1961, ein Krankenversorgungsprogramm für bedürftige ältere Menschen aufzulegen, wie frühere Reformbemühungen als »sozialistisch« bekämpft. 1965 erhielt Johnson im Kongress eine Mehrheit für das »Medicare«-Programm. Ein Gesetz über Bundeshilfen für Universitäten stand im Herbst 1963 kurz vor der Verabschiedung; andere Reformvorhaben wie ein Gesetz über gleiche Bezahlung für gleiche Arbeit wurden nur in verwässerter Form vom Kongress aufgenommen, und die Einrichtung eines Ministeriums für städtische Angelegenheiten gelang erst 1966.

Ein weiteres Thema, das Kennedy am Herzen lag, war die seit langem überfällige Reform der Einwanderungsgesetzgebung. Schon als Senator war er als entschiedener

Kennedy ist ein typischer Pragmatiker. Dementsprechend wird er in seinen politischen Aktivitäten nicht von einer festen Überzeugung geleitet, sondern von rein pragmatischen Erwägungen (...) In besonders kontroversen politischen Situationen zog es Kennedy in der Regel vor, seine wahre Position nicht preiszugeben (...) Obwohl er in den letzten Jahren das Label eines »Liberalen« bekommen hat, ist sein »Liberalismus« tatsächlich sehr relativ, was sich besonders deutlich zeigt in seiner gegenwär-

Gegner des alten Quotensystems von 1924 hervorgetreten und hatte es unter anderem in seinem Buch ›A Nation of Immigrants‹ (dt. ›Die Nation der vielen Völker‹) deutlich kritisiert: »Darüber hinaus zeichnet sich das Quotensystem nach Herkunftsländern durch eine unvertretbare Bevorzugung gewisser rassischer Gruppen aus. Es wirkt überwiegend zugunsten der so genannten Angelsachsen, (…) womit in etwa die Menschen aus Nord- und Westeuropa gemeint sind.« Ähnliche Worte gebrauchte der Präsident in einem Schreiben an den Kongress vom 23. Juli 1963. Zwei Jahre später setzte Lyndon Johnson seine Unterschrift unter den »Immigration Act of 1965«, mit dem das alte, auf nationaler Herkunft beruhende Quotensystem abgeschafft wurde.

Ebenso wie im sozialen Bereich trat Kennedy in der Wirtschaftspolitik für einen aktiven Staat ein. Immer mehr Ökonomen und Wirtschaftsjournalisten sprachen Anfang 1961 von einer Rezession, und auch Kennedy malte zwei Wochen nach Amtsantritt in einer Sonderbotschaft an den Kongress ein trübes Bild der wirtschaftlichen Lage. Seine Antwort bestand aus einem vorsichtigen Maßnahmenbündel, da Steuererhöhungen oder weitere Schulden vermieden werden sollten. Höhere Rüstungsausgaben, nicht zuletzt infolge der Berlinkrise 1961, hatten dann aber doch einen unausgeglichenen Haushalt zur Folge. Gleichzeitig wirkten sie als Investitionsprogramm und unterstützten eine bereits im März einsetzende leichte wirtschaftliche Erholung. Die Zahl der Arbeitslosen lag jedoch weiterhin bei 6 Prozent. Kennedys wirtschaftliche Berater überzeugten ihn schließlich davon, befristet Schulden zu

---

tigen politischen Allianz mit dem Repräsentanten des reaktionären südlichen Flügels der Demokratischen Partei, Lyndon Johnson.

Profil des Präsidentschaftskandidaten John F. Kennedy der russischen Botschaft in Washington an Chruschtschow, August 1960

machen, um die Wirtschaft anzukurbeln. Der Präsident entschied sich dabei gegen ein groß angelegtes öffentliches Investitionsprogramm zum Bau von Schulen, Krankenhäusern und zur Finanzierung von Sozialmaßnahmen, wie es etwa der frühere Harvard-Ökonom John Kenneth Galbraith vertrat. Stattdessen setzte die Regierung auf Steuersenkungen, die allen Bevölkerungsgruppen zu mehr Kaufkraft verhelfen würden, was wiederum das Wirtschaftswachstum erhöhen und neue Jobs schaffen sollte. Um Investitionen in Fabriken und Maschinen zu fördern, wurde ein Sonderabschreibungsprogramm aufgelegt.

In der Wirtschaftspolitik konnte die Kennedy-Regierung dadurch einige Erfolge vorweisen. Die Arbeitslosenquote sank sichtbar, das Wirtschaftswachstum und die Steuereinnahmen stiegen deutlich, während die Inflationsrate auf einem niedrigen Stand verharrte. Ein Gesetz zur Exportförderung half, das Außenhandelsdefizit zu senken. Ein guter Teil des Aufschwungs war allerdings ein Ergebnis der gestiegenen Rüstungsausgaben und der enormen Investitionen in die Raumfahrt.

In ebendiesem Bereich wurde eine von Kennedys Visionen innerhalb weniger Jahre Realität: Am 20. Juli 1969 schauten mehrere hundert Millionen Menschen auf der ganzen Welt fasziniert auf ihre Fernsehschirme, als die Crew der Landefähre ›Eagle‹ sich auf die Mondlandung vorbereitete. Kurz vor 4 Uhr MEZ am nächsten Morgen setzte der Astronaut Neil Armstrong als erster Mensch einen Fuß auf den Mond: »Ein kleiner Schritt für einen Menschen, aber ein großer Sprung für die Menschheit.« Ohne John F. Kennedy hätte die Erfüllung dieses Mensch-

Die Kontrolle über den Weltraum entscheidet sich im nächsten Jahrzehnt. Wenn die Sowjets das Weltall kontrollieren, können sie die Erde kontrollieren, ebenso wie in vergangenen Jahrhunderten die Nation, die die Weltmeere kontrollierte, auch die Kontinente beherrschte (…). Wir dürfen in diesem lebenswichtigen Wettlauf nicht hinterherlaufen. Um den Frieden und die Freiheit zu sichern, müssen wir erster sein.

John F. Kennedy, Oktober 1960

heitstraums durch die Apollo-11-Mission noch weit länger auf sich warten lassen. Doch er selbst sollte diesen Tag nicht mehr erleben.

Dass die Amerikaner als Erste zum Mond fliegen würden, danach hatte es ein Jahrzehnt zuvor nicht ausgesehen. Das Wettrennen im All schien die Sowjetunion für sich zu entscheiden. Ihren Vorsprung hatten die Russen spektakulär manifestiert, als sie am 4. Oktober 1957 den ersten Satelliten ins All schossen. In den USA löste das den so genannten »Sputnik-Schock« aus, da mit einem Schlag die wissenschaftlich-technische Führungsposition und damit – so die Sorge – auch die im Kalten Krieg infrage stand. Ein erster verzweifelter Versuch gleichzuziehen scheiterte, und erst am 1. Februar des nächsten Jahres flog auch ein amerikanischer Satellit in der Erdumlaufbahn. Um die Raumfahrtanstrengungen künftig zu koordinieren und zu forcieren, wurde am 1. Oktober 1958 die Weltraumbehörde NASA (National Aeronautics and Space Administration) gegründet. Über zwei Millionen Menschen bei der NASA, anderen Regierungseinrichtungen, in Forschungszentren, Universitäten und in der Industrie sollten in den nächsten zehn Jahren ihren Teil zum Gelingen der Mondlandung beitragen. Ein zunächst bis 1963 angelegtes Raumfahrtprogramm – das spätere Projekt »Mercury« – hatte zum Ziel, die menschliche Überlebensfähigkeit im All zu testen, Raumkapseln zu entwickeln sowie Mensch und Maschine sicher wieder zur Erde zu bringen. Im April 1959 wurden der Öffentlichkeit sieben Astronauten vorgestellt, die nach umfangreichen, mehrmonatigen Tests aus einem großen Bewerberfeld ausge-

»Space – the final frontier« lauten die Eröffnungsworte von Captain Kirk im amerikanischen Original von ›Star Trek‹. Der für die US-Bürger bei Erstausstrahlung der Abenteuer des Raumschiffs Enterprise 1966–1969 offensichtliche Bezug auf Frederick Jackson Turner und den ermordeten Präsidenten konnte sich den deutschen Fernsehzuschauern kaum erschließen, selbst wenn ihnen der Begriff Frontier etwas gesagt hätte. In der Synchronfassung lauten Kirks berühmte Worte: »Der Weltraum – unendliche Weiten.«

wählt worden waren. Noch unter Präsident Eisenhower hatten die USA also ihre Raumfahrtanstrengungen deutlich verstärkt. Doch wenige Monate nach Amtsantritt seines Nachfolgers landeten die Sowjets ihren nächsten Coup.

Am 12. April 1961 umkreiste der russische Kosmonaut Juri Gagarin als erster Mensch die Erde. Das war der Beginn der bemannten Raumfahrt. Wieder lag die Sowjetunion vorn und konnte international auftrumpfen. Die Schlagzeilen in der amerikanischen Presse sprachen von einem nationalen Prestigeverlust und einem psychologischen Sieg ersten Ranges für die Sowjets. Wenige Tage später scheiterten die Amerikaner kläglich in der kubanischen Schweinebucht. Himmel und Erde schienen sich gegen Kennedy verschworen zu haben.

Kaum war klar geworden, dass die Invasion Kubas gescheitert war, legte Kennedy dem Vorsitzenden des Nationalen Rats für Fragen der Raumfahrt am 20. April eine Reihe von kritischen Fragen vor: Er wollte wissen, ob die USA die Sowjets beim Wettlauf im All schlagen könnten, in welchen Bereichen man am schnellsten beeindruckende Erfolge erzielen könnte, wie hoch die Kosten wären und ob bereits alle Anstrengungen unternommen würden. In seiner Antwort musste Lyndon B. Johnson einräumen, dass die Amerikaner momentan weder alle Kräfte mobilisierten noch erfolgreich genug seien, um bald die Führung bei der Raumfahrt zu erlangen. Doch er hielt es durchaus für möglich, vor den Russen zum Mond zu fliegen: vielleicht schon 1966 oder 1967.

Der Weltraum war zu einem zentralen Feld der Rivalität der beiden Supermächte geworden, auf dem der Welt die

---

»Aber warum gerade der Mond?«, wird der eine oder andere fragen. »Warum soll ausgerechnet er unser Ziel sein?« Sie könnten auch fragen, warum man den höchsten Berg zu erklimmen sucht oder was vor 35 Jahren die Menschheit reizte, den Atlantik zu überfliegen? (...) Vor vielen Jahren wurde der große britische Forscher George Mallory, der auf dem Mount Everest sterben sollte, gefragt, warum er ihn besteigen wollte. Er sagte: »Weil er da ist.« Nun, das Weltall ist da, und wir werden dorthin aufstei-

Überlegenheit des eigenen Systems demonstriert werden sollte. Kennedy war entschlossen, möglichst bald mit der Sowjetunion gleichzuziehen und sie zu überholen. In internen Dokumenten wie in öffentlichen Stellungnahmen ging es zu dieser Zeit darum, schneller als die Russen zu sein, sie zu besiegen.

Ein erster Schritt auf diesem Weg war der 15-minütige suborbitale Flug bis in 185 km Höhe, den der Astronaut Alan B. Shepard mit »Freedom 7« am 5. Mai 1961 unternahm. Von diesem Erfolg beflügelt, entschloss sich Kennedy, öffentlich in die Offensive zu gehen. In seiner Sonderbotschaft an den Kongress über »dringende nationale Aufgaben« am 25. Mai 1961 verkündete er das ehrgeizige Ziel, »noch vor Ende des Jahrzehnts einen Menschen auf dem Mond landen zu lassen und ihn wieder sicher zur Erde zurückzubringen«. Um die internationale Führung im Kampf zwischen »Freiheit und Tyrannei« zu erlangen, in dem die Sowjets durch ihre jüngsten Erfolge in der Raumfahrt international Boden gutgemacht hätten, sei eine nationale Kraftanstrengung nötig. Vom Kongress forderte der Präsident zusätzliche Mittel in Höhe von 531 Millionen Dollar für das Haushaltsjahr 1962 sowie weitere 7 bis 9 Milliarden für die nächsten fünf Jahre. Im folgenden Jahr umflog zum ersten Mal ein Amerikaner die Erde.

Zehn Mal war der Start von Cape Canaveral in Florida zuvor verschoben worden. Am 20. Februar 1962 um 9.47 Uhr Ortszeit war es endlich so weit. Millionen Amerikaner verfolgten live an den Bildschirmen den Flug von »Friendship 7«. Mit dieser Entscheidung war die Kennedy-Administration bewusst ein Risiko eingegangen. Wäre der Flug

gen. Und der Mond und die Planeten sind da, und wir werden zu ihnen aufsteigen (...) und bitten um Gottes Segen bei dem gewagtesten und gefährlichsten und größten Abenteuer, auf das sich der Mensch jemals eingelassen hat.

Rede an der Rice University in Houston, Texas, 12. September 1962

gescheitert, wäre ein ganzes Volk Augenzeuge dieser Schmach geworden. Im Weißen Haus hatte sich Kennedy mit anderen um den Fernseher im Esszimmer versammelt und starrte gebannt auf den Bildschirm.

Drei Mal umrundete der ehemalige Marineflieger John Glenn während seines fast fünfstündigen Fluges die Erde, und an diesem Tag wurde er zum Helden der »New Frontier«. Die Stadt New York feierte ihn nach seiner Rückkehr wie einst Charles Lindbergh nach dessen Atlantikflug mit einer gigantischen Konfettiparade. Aus Moskau traf ein Glückwunschtelegramm Chruschtschows ein.

Mit dem bereits Ende Dezember 1961 verkündeten »Gemini«-Programm und dem anschließenden »Apollo«-Programm wurden die weiteren Entwicklungsstufen bis hin zur Mondlandung eingeleitet. Auf Kennedys Drängen und gegen den Wunsch der NASA bekam das Projekt »Apollo« mit dem Ziel des Mondflugs absolute Priorität.

Der Kalte Krieg war ein Hauptantrieb für die Anstrengungen der Russen und der Amerikaner auf dem Gebiet der Raumfahrt. Doch neben dem Konkurrenzdenken gab es auch Überlegungen zu einer möglichen Kooperation. Schon in seiner Antrittsrede hatte Kennedy davon gesprochen, dass beide Seiten gemeinsam »die Sterne erforschen« könnten. Als Reaktion auf die Glückwünsche Chruschtschows ordnete Kennedy die Ausarbeitung konkreter Vorschläge für eine mögliche Zusammenarbeit an, die er den Russen Anfang März 1962 in einem Brief mitteilte. Die offizielle Antwort aus Moskau war zunächst verhalten, doch auf Expertenebene fanden bald erste Gespräche statt.

---

30 Nach dem Flug: Am 23. Februar 1962 besucht Kennedy Cape Canaveral und Glenns Raumkapsel.

In einer großen Rede vor den Vereinten Nationen erwähnte der amerikanische Präsident am 20. September 1963 explizit »eine gemeinsame Expedition zum Mond. (...) Warum sollte daher der erste Flug eines Menschen zum Mond Gegenstand eines nationalen Wettstreits sein?« Einen Monat später ließ Chruschtschow verlauten, dass sein Land derzeit keine Pläne habe, zum Mond zu fliegen, dass man aber diesbezügliche Forschungen durchführe.

Tatsächlich arbeitete die sowjetische Weltraumforschung jedoch unter größter Geheimhaltung daran, zur Durchführung einer Mondlandung geeignete Trägerraketen, Landefähren und Raumanzüge zu erproben. Aufgrund von technischen Problemen bei der Raketenentwicklung, Materialschwächen, des Todes des leitenden Ingenieurs sowie einer auch durch einen fehlenden Masterplan verursachten mangelhaften Koordination fiel das russische

Programm aber weit hinter die amerikanischen Anstrengungen zurück. Es wurde 1974 eingestellt.

Die Vorschläge zur russisch-amerikanischen Zusammenarbeit waren nicht völlig selbstlos. Die Sowjetunion könne wichtige Unterstützung bei Forschung und Logistik für den Flug zum Mond leisten, argumentierte etwa Jerome Wiesner, Kennedys Sonderberater für Wissenschaft und Technologie, Ende Oktober 1963. Die USA sollten weiterhin federführend sein, aber: »Ein Russe könnte problemlos zu den Mitgliedern des Landungsteams gehören.« Zwei Wochen später verlangte Kennedy von der NASA, ihm bis Mitte Dezember erste konkrete Vorschläge für eine substanzielle Kooperation mit der Sowjetunion etwa beim Mondflug zu machen.

Sein Tod im November 1963 und der Sturz Chruschtschows ein Jahr später erschwerten eine mögliche russisch-amerikanische Zusammenarbeit. So waren es 1969 die Vereinigten Staaten allein, die mit der Mondlandung eine Pionierleistung vollbrachten, in eine neue Welt aufbrachen und tatsächlich eine »Frontier« überschritten. Neben dem Peace Corps gilt die Raumfahrt als weitere Erfolgsgeschichte der Kennedy-Administration. Doch insgesamt waren viele zeitgenössische Beobachter wie spätere Historiker enttäuscht von dem, was innerhalb des »New Frontier«-Programms umgesetzt wurde.

Dreizehn Tage? – Die Kubakrise im Oktober 1962

Wochenlang hatten Aufklärungsflüge über Kuba wegen schlechten Wetters und aus Angst vor möglichen Abschüssen nicht stattgefunden. Erst am 14. Oktober stieg wieder ein amerikanisches U2-Spionageflugzeug auf und brachte aus über 20 000 Metern Höhe neue Aufnahmen mit, und die Auswertung von tausenden von Fotos durch das »National Photographic Interpretation Center« am nächsten Tag war für die Amerikaner ein Schock: Bei San Cristóbal auf Kuba waren erste Abschussanlagen für russische Raketen vom Typ SS-4 installiert worden. Man rechnete damit, dass sie in kurzer Zeit mit atomaren Sprengköpfen ausgerüstet und auf amerikanische Großstädte wie Miami, Atlanta oder auch Washington gerichtet würden.

Sicherheitsberater McGeorge Bundy war sofort klar, dass dies der Beginn einer ernsthaften Krise sein würde. Er beschloss, dem von einer Wahlkampfreise ermüdeten Präsidenten noch eine letzte ruhige Nacht zu gönnen. Um 8.45 Uhr am nächsten Morgen klopfte er, mit den Fotos unter dem Arm, an die Tür von Kennedys Schlafzimmer im Weißen Haus. Drei Stunden später fand eine erste, streng geheime Sondersitzung des Krisenstabes statt.

Die Ereignisse während der so genannten »Dreizehn Tage« der Kubakrise im Oktober 1962 brachten die Welt an den

Kennedy: Aber was ist der Vorteil davon? Es wäre genau so, als wenn wir plötzlich eine größere Zahl von MRBM [Mittelstreckenraketen] in die Türkei tun würden. Das wäre verdammt gefährlich, denke ich.
Bundy: Nun, das haben wir getan, Mr. President.
Kennedy: Ja, aber das war vor 5 Jahren.

Krisensitzung am 16. Oktober um 18.30 Uhr über die Stationierung der russischen Raketen auf Kuba

nuklearen Abgrund. Dass es nicht zu einem Dritten Weltkrieg kam, lag in den Augen vieler Beobachter an der entschlossenen Haltung John F. Kennedys, an seinem verantwortungsvollen Vorgehen und am Einlenken Nikita Chruschtschows, der sich dem amerikanischen Druck beugte. Lange galt das Krisenmanagement der US-Regierung während der Kubakrise als Musterbeispiel der Lösung einer internationalen Krise. Es sei Kennedys »feinste Stunde« gewesen.

Heute weiß man, dass auf beiden Seiten Fehlinformationen, Fehleinschätzungen und Fehlurteile dominierten. Nach der Öffnung streng geheimer Akten sowie gemeinsamen

31 Auslöser der Kubakrise 1962: der Transport von sowjetischen Nuklearraketen per Schiff nach Kuba

Konferenzen von Beteiligten aller Seiten kann man die Entwicklung der Krise sehr genau nachzeichnen. Ihre Bewertung ist aber immer noch umstritten.

Das beginnt bereits mit unterschiedlichen Bezeichnungen für das Geschehen: Die Deutschen nennen sie »Kubakrise«. Aus Sicht der Russen fand die eigentliche Konfrontation mit den USA auf dem Ozean statt, weshalb sie von der »Karibischen Krise« sprechen. Für die Amerikaner ist die »Cuban Missile Crisis« nur eine von vielen »kubanischen Krisen«, und entsprechend bezeichnen die Kubaner die Ereignisse als »Oktoberkrise«. Die Perspektive der »Dreizehn Tage«, von Robert Kennedy als Titel für sein Buch über die Kubakrise gewählt, verengt zudem den Konflikt auf die Zeit vom 16. bis zum 28. Oktober 1962, also von der Entdeckung der Raketenabschussrampen bis zur Lösung der Krise. Sie blendet die Vorgeschichte und damit auch einen Großteil der amerikanischen Verantwortung für die Eskalation aus.

Denn nach der gescheiterten Schweinebucht-Invasion vom April 1961 betrieben die Vereinigten Staaten mit verschiedenen legalen und illegalen Mitteln die Destabilisierung des Regimes und den Sturz des verhassten Machthabers Fidel Castro. Nachdem dieser Kuba im Dezember 1960 zu einem sozialistischen Land erklärt hatte, drängten die USA zu Beginn des folgenden Jahres die Organisation Amerikanischer Staaten (OAS) zum Ausschluss Kubas und verhängten ein bis heute geltendes Handelsembargo. Schon zuvor waren im Rahmen der geheimen »Operation Mongoose« Sabotage, paramilitärische Aktionen und auch Attentatsversuche gegen Castro durchgeführt worden.

Im März 1962 legten die Stabschefs den Geheimplan **»Operation Northwoods«** vor. Um die Zustimmung der amerikanischen Öffentlichkeit zu einer Invasion Kubas zu bekommen, sollten u. a. Bombenanschläge in Miami, Angriffe auf amerikanische Schiffe und Flugzeugentführungen fingiert oder von »Kubanern« durchgeführt werden, um so Castro zu belasten. Kennedy und Verteidigungsminister McNamara lehnten den Plan ab.

Nicht zuletzt aufgrund dieser Tatsachen wurde aus der wirtschaftlichen Unterstützung Kubas durch die Sowjetunion zunehmend auch eine militärische. Ähnlich wie Berlin für die USA wurde Kuba für die Russen immer mehr zu einem Symbol der eigenen Glaubwürdigkeit. Befürchtet wurde vor allem ein erneuter Invasionsversuch der USA. Zwar hatte Kennedy keine Invasion autorisiert, aber es bestand Konsens darüber, dass eine militärische Intervention für einen erfolgreichen Umsturz in Kuba wohl nötig sein würde. Nachdem im Frühjahr bei einem Manöver in der Karibik bereits die Landung von Einheiten der »US-Marines« geübt worden war, sollte am 20. Oktober 1962 ein Manöver der US-Streitkräfte in der Nähe von Puerto Rico mit mehreren tausend Marines, vier Flugzeugträgern, zwanzig Zerstörern und fünfzehn Truppentransportern beginnen, bei dem es um die Befreiung einer fiktiven Republik von der Tyrannei des Diktators »Ortsac« (spiegelverkehrt: »Castro«) ging. Das war kaum dazu angetan, die Sorgen im kommunistischen Lager zu verringern. Im Rückblick räumte selbst der damalige amerikanische Verteidigungsminister McNamara ein, dass die Angst vor einer US-Invasion aus der Sicht der Kubaner und Russen durchaus verständlich gewesen sei.

Chruschtschow selbst behauptete mehrfach, der Hauptgrund für die Raketenstationierung »war nur, Amerika davor abzuschrecken, seinerseits einen Krieg anzufangen (…) wir wollten die Amerikaner von einer Invasion auf Kuba abhalten«. In den letzten Jahren freigegebene russische Dokumente haben diese These, die lange als Schutzbehauptung galt, untermauert. Die Russen hatten bereits

32 Der Beweis: Fotos von Raketenbasen auf Kuba, geschossen von U2-Aufklärungsflugzeugen, 14. Oktober 1962

mehrere taktische Atomwaffen auf Kuba installiert, die aufgrund ihrer geringen Reichweite tatsächlich nur zur Abwehr einer amerikanischen Invasionsarmee sinnvoll eingesetzt werden konnten. So sagten sie zumindest zum Teil die Wahrheit, wenn sie abstritten, »offensive« Waffen nach Kuba zu liefern. Die Vollmacht für den lokalen russischen Militärbefehlshaber zum eigenmächtigen Einsatz dieser Waffen wurde in Moskau noch zurückgehalten.

Die Idee zur Stationierung von Atomraketen auf Kuba war Chruschtschow nach eigenen Angaben während eines Besuchs in Bulgarien im Mai 1962 gekommen. Nicht weit von hier, in der Türkei, hatten die Amerikaner im Vorjahr 15 Jupiter-Atomraketen aufgestellt. Mit einer Reichweite von 2500 km waren sie in der Lage, Moskau zu treffen. Da die Amerikaner ihre Raketen vor der sowjetischen Haustür stationiert hatten, würde die Sowjetunion mit der Raketenaufstellung auf Kuba nichts weiter tun, als den USA »ein bisschen von ihrer eigenen Medizin zu verabreichen«, so Chruschtschow in seinen Erinnerungen.

Doch es gab weitere Motive. Der russische Parteiführer stand im Frühsommer 1962 unter innenpolitischem Druck. Die »Lösung« der Berlin-Frage durch den Mauerbau hatte dem internationalen Ansehen der Sowjetunion geschadet, und China stellte den Führungsanspruch Russlands im kommunistischen Lager infrage. Das militärische Gleichgewicht verschob sich immer mehr zugunsten der USA, und ein schwaches Wirtschaftswachstum schuf weitere Probleme. Chruschtschow brauchte deshalb dringend einen spektakulären Erfolg. Die Amerikaner vermuteten außerdem, dass Chruschtschow mit der Trumpfkarte »Raketen auf Kuba« die Karten in Berlin neu mischen und Verhandlungen erzwingen wollte.

Nach der geheimen Stationierung und den Kongresswahlen in den USA am 6. November wollte Chruschtschow den Coup in einer schon lange angekündigten Rede vor den Vereinten Nationen spektakulär verkünden und so die Initiative gegenüber den USA und China zurückgewinnen. Er unterlag dabei der beinahe fatalen Fehleinschätzung, dass die Waffenlieferungen bis dahin unentdeckt bleiben und dass Kennedy sie dann hinnehmen würde.

Im Mai und Juni 1962 stimmte der Oberste Sowjet den Plänen zu. Bald danach begannen die Sowjets mit der Verschiffung von Luftabwehrraketen und -geschützen, Raketen vom Typ SS 4 und SS 5 (1500 bzw. 3500 km Reichweite) und von IL-28-Bombern (knapp 1000 km). Außerdem sollten mehr als 40 000 Soldaten die Karibikinsel schützen. Die umfangreichen Waffenlieferungen blieben den Amerikanern nicht verborgen, auch wenn ihr Charakter zunächst nicht eindeutig war. Anders als die USA hatte die Sowjet-

Es herrscht allgemeine Übereinstimmung, daß diese Raketen, selbst wenn sie voll einsatzfähig sind, das Kräftegleichgewicht nicht wesentlich verändern werden. (...) Welche Absicht die Sowjets mit dieser Handlung verfolgen, ist nicht klar – ob zum Zweck der Ablenkung, um uns zu bedrängen, zu provozieren oder um zu verhandeln.

Dennoch herrscht Einigkeit, daß die Vereinigten Staaten nicht hinnehmen können, daß sich offensive Atomwaffen 90 Meilen von

union bis zu diesem Zeitpunkt nie offensive Atomwaffen auf dem Territorium ihrer Verbündeten stationiert, und Kennedys Berater glaubten nicht, dass die Russen es ausgerechnet auf Kuba tun würden. Allein CIA-Direktor John McCone war davon überzeugt, dass die Aufstellung von SAM-Luftabwehrraketen in Vorbereitung auf eine geplante Stationierung von Mittelstreckenraketen geschah. Dennoch erließ Kennedy Ende August eine streng geheime Order, die möglichen politischen, militärischen und psychologischen Folgen einer solchen Stationierung zu prüfen und diplomatische wie militärische Gegenmaßnahmen bis hin zu einer Invasion Kubas zu erarbeiten.

Republikanische Abgeordnete, die Kuba zum Thema der anstehenden Kongresswahlen machen wollten, drängten Kennedy, militärisch aktiv zu werden. Am 3. Oktober drohten beide Häuser des Kongresses in einer gemeinsamen Erklärung mit einem Militäreinsatz gegen Kuba, falls die Insel zu einer für die Vereinigten Staaten bedrohlichen Militärbasis ausgebaut würde. Der Präsident selbst warnte die Sowjetunion im September mehrfach öffentlich davor, »offensive« Waffen nach Kuba zu liefern. Dies würden die USA nicht dulden. Die Russen wiesen diese Vorwürfe zurück und versprachen, vor den Wahlen keine außenpolitische Krise zu provozieren. Als der Republikanische Senator Kenneth B. Keating am 10. Oktober behauptete, dass auf Kuba bereits sowjetische Mittelstreckenraketen mit Zielen in den USA installiert worden seien, wurde dies von der Kennedy-Administration noch öffentlich dementiert. Wenige Tage später lagen allerdings Beweise dafür vor.

---

unserer Küste entfernt befinden, wenn unsere Entschlossenheit und unsere Verpflichtungen jemals wieder von unseren Verbündeten oder Gegnern geglaubt werden sollen.

Memorandum von Theodore Sorensen,
17. Oktober 1962

Von nun an tagte Kennedys Krisenstab fast pausenlos. Zum »Executive Committee« des Nationalen Sicherheitsrats, später kurz »ExComm« genannt, gehörten sein Bruder Bobby, Sicherheitsberater Bundy, Außenminister Rusk, Verteidigungsminister McNamara, CIA-Chef McCone, Ted Sorensen, General Maxwell Taylor für die Vereinten Stabschefs und andere. Dass es Aufzeichnungen der streng geheimen Gespräche im Weißen Haus gibt – von denen damals nichts nach außen drang und die inzwischen der Forschung fast vollständig zur Verfügung stehen –, ist John F. Kennedy selbst zu verdanken. Er hatte im Sommer 1962 ein geheimes Aufnahmesystem installieren lassen, das er selbst einschalten konnte.

Im »ExComm« herrschte schnell Einigkeit darüber, dass die Raketen nicht auf Kuba bleiben dürften. Zwar hatte sich die strategische Balance nicht wirklich verändert, wie auch Verteidigungsminister McNamara einräumte, aber die symbolische und psychologische Bedeutung russischer Atomraketen nur 150 Kilometer vor der amerikanischen Küste war aus Sicht des Krisenstabes fatal. Außerdem hatte sich der Präsident in der Öffentlichkeit zuvor eindeutig festgelegt.

Eine diplomatische Lösung wurde aufgrund der geringen Erfolgschancen ausgeschlossen. Verhandlungen hätten den weiteren Aufbau russischer Raketen nicht gestoppt. Gegen einen zu Beginn favorisierten »chirurgischen« Luftangriff sprach, dass die Ausschaltung aller sowjetischen Raketen kaum möglich war. Ebenso wie bei einer Invasion Kubas, die von den vereinten Stabschefs der US-Streitkräfte, den »Joint Chiefs of Staff« gefordert wurde, wären da-

---

Die »Dreizehn Tage«

Dienstag, 16. Oktober 1962
Kennedy wird informiert, dass die Sowjetunion auf Kuba Abschussanlagen für Atomraketen errichtet. Der geheime Krisenstab »Excomm« wird einberufen.

Mittwoch, 17. Oktober
Ein U2-Flugzeug macht weitere Beweisfotos. Der Krisenstab tagt fast den ganzen Tag und diskutiert militärische Optionen.

Donnerstag, 18. Oktober
Der russische Außenminister Gromyko ist zu Besuch im

bei viele sowjetische Soldaten gestorben. Dies hätte nach Meinung der »ExComm«-Mehrheit zu Vergeltungsschlägen der Sowjetunion in Berlin oder der Türkei geführt. Seit einigen Jahren ist klar, dass eine solche Invasion verheerende Folgen gehabt hätte, denn zum einen befanden sich weit mehr russische Soldaten auf Kuba als von den Amerikanern geschätzt, und zum anderen wären möglicherweise die taktischen Atomwaffen zum Einsatz gekommen.

Kennedy entschied sich schließlich für eine begrenzte Seeblockade. Gleichzeitig wurden Vorbereitungen für weiter gehende militärische Aktionen eingeleitet. Durch die Blockade sollte verhindert werden, dass weitere russische Frachtschiffe mit Waffenlieferungen kubanische Häfen anliefen. Mit dieser Maßnahme konnten die Vereinigten Staaten Entschlossenheit demonstrieren, gleichzeitig aber Moskau eine Rückzugsmöglichkeit geben, ohne dass es wie eine öffentliche Demütigung aussah. Doch auch diese Variante barg Risiken. Das Heft des Handelns, und damit die Entscheidung über Krieg oder Frieden, lag nun in Chruschtschows Händen. Würde er die amerikanische Drohung ernst nehmen und den Frachtschiffen den Befehl zum Abdrehen geben?

Erst am Montag, dem 22. Oktober, erfuhr die Welt von der Raketenstationierung, und erst mit diesem Datum begann die eigentliche Kubakrise. Kennedy hatte am Wochenende persönlich auf die Verantwortlichen bei der ›New York Times‹, der ›Washington Post‹ und beim ›TIME Magazine‹ eingewirkt, aus Gründen der nationalen Sicherheit von möglichen Berichten über die russischen Raketen abzusehen. In einer live um 19.00 Uhr Ortszeit vom Fern-

Weißen Haus. Kennedy entschließt sich, die Beweise noch nicht auf den Tisch zu legen.

33 Visite des russische Außenministers Gromyko (3. v. l.) bei Kennedy am 18. Oktober 1962

sehen ausgestrahlten, siebzehnminütigen Ansprache an die Nation klagte Kennedy die Sowjetunion an, entgegen ihren Verlautbarungen offensive Waffen auf Kuba stationiert zu haben. Mit ernster Miene bezeichnete der Präsident die sowjetischen Handlungen als »heimtückische, rücksichtslose und provokative Bedrohung des Weltfriedens und der stabilen Beziehungen zwischen unseren beiden Nationen«. Sollten von Kuba aus Raketen abgeschossen werden, würden die USA dies als Angriff der Sowjetunion auf die Vereinigten Staaten betrachten und mit ganzer Härte Vergeltung üben. Gleichzeitig kündigte Kennedy die Einrichtung einer »defensiven Quarantäne« an, wie die Seeblockade – nach internationalem Recht eine Kriegshandlung – genannt werden sollte. Etwa 180 Schiffe der Marine starteten in die Karibik. B-52-Staffeln mit Atombomben wurden in Alarmbereitschaft versetzt, so dass ein Drittel der Bomber ständig in der Luft blieb, während die anderen jederzeit startbereit waren. 140 000 Soldaten wurden als Invasionsarmee in Florida zusammengezogen.

Der Krisenstab hatte die öffentliche Form der Verkündigung gewählt, um die Weltmeinung hinter sich zu bringen und um ein sowjetisches Ultimatum zu verhindern. Zum Teil erst wenige Stunden zuvor waren das Kabinett, wichtige Kongressführer und befreundete Regierungen über den Inhalt der bevorstehenden Erklärung Kennedys in Kenntnis gesetzt worden. Auch die Russen hatten eine Kopie der Kennedy-Rede mit der zusätzlichen Warnung erhalten, die Blockade sei nur eine erste, minimale Antwort.

Die Organisation Amerikanischer Staaten stellte sich am nächsten Tag einmütig – in Einzelfällen unter gezieltem

Freitag, 19. Oktober
Um keine Gerüchte über eine Krise aufkommen zu lassen, fliegt Kennedy zu Wahlkampfauftritten nach Ohio und Illinois.

Samstag, 20. Oktober
Kennedy bricht seinen Besuch in Chicago ab und kehrt nach Washington zurück. Pressesprecher Salinger erklärt die überstürzte Abreise mit einer Erkältung des Präsidenten. Im »Excomm« wird entschieden, dass Kennedy am 22. Oktober in einer Fernsehansprache die Weltöffentlichkeit über die Raketenstatio-

Druck der Amerikaner – hinter die US-Regierung. Unter Berufung auf das Recht der OAS, Maßnahmen für die kollektive Sicherheit der Hemisphäre zu ergreifen, wurde die »Quarantäne« juristisch abgesichert. Erst jetzt unterschrieb Kennedy die entsprechende Anordnung.

Die Reaktion der sowjetischen Regierung war erwartungsgemäß scharf. Man sprach von beispiellosen Aggressionshandlungen, von einem Piratenakt und davon, dass die USA die Welt an den Rand eines Atomkriegs brächten. Um äußerlich aber Gelassenheit zu demonstrieren, gingen Chruschtschow und andere Sowjetführer am Abend des 23. Oktober ins Moskauer Bolschoi-Theater.

Die Blockade begann am folgenden Morgen um 10 Uhr Ortszeit. Wenige Stunden zuvor hatte der mit Nuklearsprengköpfen beladene Frachter »Aleksandrowsk« die Linie überquert und steuerte auf den sicheren Hafen La Isabela zu. Bereits kurz nach Beginn der Blockade kam es zu einem ersten Zusammentreffen der amerikanischen Flotte mit einigen der knapp 30 russischen Schiffe, die sich auf dem Weg nach Kuba befanden. Nun konnte sich rächen, dass die US-Regierung, anstatt diplomatische Anstrengungen zu unternehmen, die Russen vor die Alternative »Krieg oder Zurückweichen« gestellt

34 Kennedy bei seiner Fernsehansprache am 22. Oktober 1962

nierung auf Kuba unterrichten soll.

Sonntag, 21. Oktober
Kennedys Rede wird überarbeitet.

hatte. Als dann gegen 10.25 Uhr die Meldung kam, dass die Frachtschiffe abdrehten, um eine Konfrontation mit der U. S. Navy zu verhindern, war die Erleichterung groß. Man habe sich Auge in Auge gegenübergestanden, und der Gegner habe zuerst mit der Wimper gezuckt, triumphierte Außenminister Rusk. Tatsächlich hatte Chruschtschow zu diesem Zeitpunkt schon eingesehen, dass sein Plan nicht aufgegangen war und er zurückweichen musste. Doch die Krise war noch längst nicht beendet, und die Installierung der Raketen auf Kuba wurde beschleunigt fortgesetzt.

Am Abend des 26. Oktober traf in Washington ein Schreiben Chruschtschows ein, in dem er den Abzug der Atomwaffen zusicherte, wenn die Amerikaner im Gegenzug versprachen, nicht in Kuba zu intervenieren. Kurz nachdem der Krisenstab am nächsten Morgen seine Beratungen über eine Reaktion auf Chruschtschows Angebot aufnahm, meldete Radio Moskau gleichzeitig mit dem Eintreffen eines zweiten Chruschtschow-Briefes, dass nun zusätzlich der Abzug der amerikanischen Raketen aus der Türkei als Gegenleistung verlangt würde. Im »ExComm« vermutete man auch wegen des unterschiedlichen Stils der Briefe, dass der erste von Chruschtschow persönlich geschrieben, der zweite Brief jedoch von anderen sowjetischen Regierungsstellen autorisiert worden war. Es wurde sogar über einen Machtkampf innerhalb der Kremlführung spekuliert. In Wirklichkeit waren beide Briefe im Konsens abgeschickt worden. Chruschtschow blieb zuversichtlich, eine Verhandlungslösung zu finden. Er war einer der wenigen, die bezweifelten, dass Kennedy einen Angriff auf Kuba befehlen würde.

Montag, 22. Oktober
In seiner Fernsehansprache beschuldigt Kennedy die Sowjetunion, den Weltfrieden zu bedrohen, und verkündet eine Blockade aller sowjetischen Schiffe mit Fahrtrichtung Kuba ab dem 24. Oktober.

Dienstag, 23. Oktober
Die Organisation Amerikanischer Staaten unterstützt einstimmig das Vorgehen der Vereinigten Staaten. Chruschtschow und andere Sowjetführer besuchen am Abend des 23. Oktober demonstrativ eine Vorstellung im Moskauer Bolschoi-Theater.

Die Frage des Raketendeals war von Beginn an in Washington diskutiert worden. Doch der amerikanische UNO-Botschafter Adlai Stevenson war für diesen Vorschlag heftig angegriffen worden. Am 25. Oktober hatte auch der einflussreiche ›Washington Post‹-Kolumnist Walter Lippmann einen solchen Tauschhandel vorgeschlagen. Die Position des Präsidenten zu einem Raketendeal war widersprüchlich. Zunächst zeigte er sich überrascht, dass die Raketen immer noch in der Türkei waren. Anders als sein Bruder Bobby später behauptete, hatte er im Oktober 1962 noch nicht den Abzug der Jupiter-Raketen befohlen. Sie waren auch erst im Spätsommer einsatzbereit gemacht worden. Ein Deal hätte nach Meinung des Präsidenten wie ein öffentliches Eingeständnis gewirkt, dass die amerikanischen Raketen in der Türkei dasselbe waren wie russische Raketen auf Kuba. Weiterhin hätte ein Abzug der Raketen die Beziehungen zur Türkei belastet, die NATO geschwächt und heftige Kritik im eigenen Land hervorgerufen.

Das Dilemma, in dem sich der Krisenstab an diesem 27. Oktober befand, wurde durch zwei schwerwiegende Zwischenfälle mit U2-Aufklärungsflugzeugen am selben Tag noch vergrößert. Eine Maschine war über Kuba von einer Boden-Luft-Rakete abgeschossen worden. Im »Ex-Comm« deutete man dies als eine gezielte Provokation. Doch angesteckt von der Panik der Kubaner, die jeden Moment mit einem US-Angriff rechneten, hatten russische Kommandeure vor Ort eigenständig gehandelt – zum Missfallen der Führung in Moskau. Die Zeichen standen wieder auf Krieg, denn für diesen Fall war bereits beschlossen worden, als Vergeltung eine SAM-Abschussbasis auf Kuba

---

Mittwoch, 24. Oktober
Die Blockade beginnt um 10 Uhr Ortszeit. Gegen 10.25 Uhr drehen die ersten russischen Frachter ab.

Donnerstag, 25. Oktober
Die Raketenstellungen werden unvermindert installiert. In einer dramatischen Sitzung des Weltsicherheitsrates konfrontiert der amerikanische UNO-Botschafter Adlai Stevenson seinen russischen Kollegen Valerian Zorin mit den Fotobeweisen.

Freitag, 26. Oktober
Am Abend triff ein Brief Chruschtschows in Washington

anzugreifen. Präsident Kennedy stoppte jedoch gegen den Protest der Luftwaffe die schon angelaufenen Vorbereitungen für einen Gegenschlag. Am Nachmittag kam dann die Nachricht, dass eine andere U2 fälschlicherweise die östliche Sowjetunion überflogen und dann gegen aufsteigende russische Abfangjäger die Hilfe von US-Kampfflugzeugen aus Alaska erhalten hatte. Glücklicherweise war es nicht zu Kampfhandlungen gekommen, und nun richtete sich das Augenmerk wieder auf den zweiten Chruschtschow-Brief.

Robert Kennedy griff einen ebenso simplen wie klugen Vorschlag auf, den andere bereits mehrfach angedeutet hatten und der ein Schlüssel zur Lösung wurde: Man solle den ersten Vorschlag Chruschtschows annehmen, den zweiten Brief mit der Forderung des Raketendeals jedoch schlicht ignorieren. Die USA würden offiziell erklären, nicht in Kuba zu intervenieren, und die »Quarantäne« aufheben. Präsident Kennedy befürwortete diese Vorgehensweise. Für den Fall einer Ablehnung aus Moskau wurde aber alles für eine baldige Invasion Kubas vorbereitet.

Nur wenige »ExComm«-Mitglieder waren eingeweiht, dass sich Robert Kennedy am Abend des 27. Oktober mit Anatoli Dobrynin traf. In einem mit dem Präsidenten abgestimmten Geheimdeal versicherte der amerikanische Justizminister dem russischen Botschafter, dass die USA nach einem Abzug der sowjetischen Raketen aus Kuba ihre eigenen Jupiter-Raketen aus der Türkei ebenfalls abziehen würden. Falls Moskau dies aber öffentlich mache, werde der Präsident die Abmachung abstreiten und das Angebot zurückziehen. Die Sowjetunion müsse diesem

---

ein. Der russische Staatschef ist bereit, die Raketen abzuziehen, wenn die Vereinigten Staaten versprechen, keine Invasion Kubas durchzuführen.

Samstag, 27. Oktober
Der »schwarze Samstag«. Ein weiterer Brief aus Moskau trifft ein. Die Russen verlangen zusätzlich auch den Abzug der amerikanischen Raketen aus der Türkei. Eine amerikanische U2 wird über Kuba abgeschossen. Die amerikanischen Generäle bedrängen Kennedy, einen Luftangriff zu genehmigen. Der Krisenstab

Vorschlag möglichst bald zustimmen, denn die Zeit dränge. Dobrynin behauptete später sogar, Robert Kennedy habe angedeutet, die amerikanischen Generäle könnten nicht mehr lange von einem Militärschlag gegen Kuba abgehalten werden.

Am 28. Oktober um 9 Uhr morgens traf Chruschtschows positive Antwort im Weißen Haus ein. Aufgrund der Dringlichkeit und der Tatsache, dass die Übermittlung samt Übersetzung der Briefe oft einen halben Tag gebraucht hatte, wurde sie zeitgleich über Radio Moskau verlesen. Mit seinem Einlenken brachte Chruschtschow die Krise zu einem friedlichen Ende. Auch ihm war immer deutlicher geworden, dass die Situation jederzeit außer Kontrolle geraten konnte. Deshalb wäre er sogar bereit gewesen, das Angebot aus Washington auch ohne den geheimen Raketentauschhandel anzunehmen. Am 20. November beendeten die USA die Blockade Kubas.

Chruschtschow selbst sah sich als Gewinner, denn er habe das sozialistische Kuba verteidigt: »Die Karibische Krise war ein Triumph der sowjetischen Außenpolitik und ein persönlicher Triumph in meiner Laufbahn als Staatsmann und als Mitglied der kollektiven Führung.« Mit dieser Bewertung stand er nicht nur innerhalb der von ihm angesprochenen Führung fast allein. Castro war wütend, weil er nicht konsultiert worden war, und beschuldigte ihn, sich nicht als »Mann« gezeigt zu haben. Im Oktober 1964 wurde Chruschtschow seines Amtes enthoben; der Ausgang der Kubakrise hatte seinen Niedergang eingeleitet. Doch obwohl es seine damalige Position hätte stärken können, hielt sich Chruschtschow an die Absprache mit den

---

beschließt, den zweiten Brief zu ignorieren und die Bedingungen des ersten anzunehmen. Am Abend trifft Robert Kennedy den russischen Botschafter. Die Kennedys sind auch zu dem Raketendeal bereit, der aber geheim bleiben muss.

Sonntag, 28. Oktober
Am Morgen verkündet Radio Moskau, dass die russischen Raketen aus Kuba abgezogen werden.

Kennedys und machte den geheimen Raketendeal nie öffentlich. Von amerikanischer Seite wurde eine solche Absprache bis Ende der 80er-Jahre offiziell abgestritten.

Der wahre »Sieger« der Kubakrise, darin waren sich 1962 fast alle Kommentatoren auf beiden Seiten des Atlantiks einig, war John F. Kennedy. Die Zustimmung zu seiner Politik stieg deutlich von 60 auf fast 75 Prozent, und bei den Kongresswahlen im November schnitt seine Partei besser ab als erwartet. Auch wenn manch konservativer

35 Nach der gescheiterten Schweinebucht-Invasion im Frühjahr 1961 wird Bobby Kennedy auch zum wichtigsten außenpolitischen Berater und Vertrauten seines Bruders. Er schlägt dem russischen Botschafter Dobrynin den geheimen Raketendeal vor.

Kritiker die Tatsache, dass Castro immer noch Machthaber in Kuba war, als eine Niederlage der USA empfand, überwog vor allem das Lob für das Krisenmanagement des US-Präsidenten. Doch die bewusst inszenierte Bekanntgabe der Seeblockade hatte die Situation extrem verschärft. Bis zum Bekanntwerden des geheimen Raketendeals schien es, als hätten die Amerikaner alle diplomatischen Lösungsmöglichkeiten abgeblockt. Bei einem Besuch des sowjetischen Außenministers im Weißen Haus am 18. Oktober, also zu einem Zeitpunkt, als die Amerikaner bereits von der Raketenstationierung wussten, erneuerte Kennedy zwar seine Warnungen bezüglich Kuba, stellte Gromyko aber nicht wegen der Stationierung von Raketen auf Kuba zur Rede. Vermittlungsversuche, wie sie etwa von UNO-Generalsekretär U Thant angeboten wurden, wies der US-Präsident zurück. Er fühlte sich nicht nur von Chruschtschow getäuscht, sondern er wollte nach dem Debakel der Schweinebucht-Invasion auch Härte demonstrieren. Sein strikter Antikommunismus und seine Obsession, Castro zu stürzen, taten ein Übriges.

Weder Kennedy noch sein Beraterstab waren immer Herr der Lage oder hatten die volle Kontrolle über die eigenen Streitkräfte. Es gab eine Reihe von Zwischenfällen, die jeder für sich zu einem Krieg hätten führen können. Zum Ärger von Verteidigungsminister McNamara zwang

36 Erinnerung an die Kubakrise: ein Kalender aus Silber, bei dem die 13 Tage der Kubakrise hervorgehoben sind. Kennedy hatte 30 davon bei Tiffany's anfertigen lassen und sie den Schlüsselpersonen bei der Krise geschenkt (hier das Exemplar von Jackie Kennedy mit den Initialen JBK).

die US-Marine wiederholt sowjetische U-Boote zum Auftauchen. Kennedy befahl schließlich, dass russische Schiffe nur auf seine ausdrückliche Order hin geentert werden dürften. Auch bei der »Air Force« wurden Befehle der politischen Führung unterlaufen. Weitere böse Überraschungen wie im Fall der U2-Maschinen waren nicht auszuschließen. Am 26. Oktober wurden die Sabotageaktionen der »Operation Mongoose« endlich gestoppt, doch nicht alle auf Kuba eingesetzten Männer erfuhren davon. Auch die große Übung in der Karibik zum Sturz von »Ortsac« wurde erst am 20. Oktober abgebrochen.

In den USA hatte die Krise eine gewisse Entfremdung zwischen Zivilisten in Pentagon und Außenministerium und den Militärs zur Folge. Eine zivile Kontrolle der Armee erschien äußerst wichtig, schon allein wegen der geschilderten Befehlsmissachtungen. Nicht nur der Präsident war mehrfach entsetzt über Planspiele der militärischen Mitglieder des Krisenstabes, die immer wieder Angriffe auf Kuba forderten und auch weiter gehende Kriegsszenarien nicht ausschließen wollten. Luftwaffenchef General Curtis LeMay plädierte selbst nach Chruschtschows Einlenken dafür, mit der Invasion Kubas zu beginnen.

Die Amerikaner waren nicht unschuldig an der Entstehung der Krise und ihrer gefährlichen Eskalation. Nicht nur deshalb kann man feststellen: Kennedy war kein guter Krisenvermeider, aber ihm gebührt Lob als Krisenlöser. Doch was wäre geschehen, wenn Chruschtschow das Angebot aus Washington abgelehnt hätte? 25 Jahre nach den Ereignissen berichtete Kennedys Außenminister Dean Rusk von einem geheimen Brief des Präsidenten an U Thant für

---

Am 22. Oktober ließ der Oberbefehlshaber des Strategischen Luftkommandos, **General Thomas Power**, Funksprüche bezüglich der Erhöhung der Alarmbereitschaft auf Defcon 2 (»Defense Readiness Condition«: 1 im Krieg, 5 im Frieden) absichtlich und gegen die Vorschrift unverschlüsselt versenden. Die Sowjets wurden so über die Mobilmachung informiert.

den Fall des Scheiterns des Geheimdeals, in dem er den UNO-Generalsekretär bat, den Raketenhandel als eigenen Vorschlag einzubringen. Kennedy wäre notfalls also bereit gewesen, öffentlich ein Tauschgeschäft einzugehen, um einen Krieg zu verhindern. Die anfälligen und militärisch unnötigen Jupiter-Raketen waren es ihm nicht wert, das Schicksal der Menschheit aufs Spiel zu setzen. Ebenso wie Chruschtschow hatte er in letzter Minute erkannt, dass es bei einem Krieg nur Verlierer geben würde.

Die Kubakrise war der gefährliche Höhepunkt des Kalten Krieges. Es geht sicher zu weit, von einem Wendepunkt zu sprechen, doch der glückliche Ausgang der Konfrontation bereitete den Nährboden für erste zarte Pflänzchen der Entspannungspolitik und für vertrauensbildende Maßnahmen. Dem amerikanischen Präsidenten lag vor allem der Abschluss eines Atomteststopp-Vertrages am Herzen. Wachsende Spannungen zwischen China und der Sowjetunion sowie die Frage von Inspektionen, zu denen sich die Russen nur ungern bereit erklären wollten, verhinderten monatelang ernsthafte Fortschritte. Als im Frühjahr 1963 wieder schärfere Töne aus Moskau zu vernehmen waren, sank auf amerikanischer Seite die Hoffnung auf ein Abkommen. Und in den USA mehrten sich die Gegenstimmen.

Kennedy entschloss sich, mit einer »Friedensrede« um öffentliche Unterstützung für ein Teststopp-Abkommen zu werben und gleichzeitig ein Signal an die Russen zu senden. Vor dem Abschlussjahrgang der American University in Washington warb er am 10. Juni 1963 dafür, die Einstellung zum Kalten Krieg und zur Sowjetunion zu überden-

> Lassen Sie uns (...) unsere Einstellung zum Kalten Krieg erneut prüfen. (...) Vor allem müssen Atommächte, bei steter Verteidigung der eigenen Lebensinteressen, solche Konfrontationen vermeiden, die einem Gegner nur die Wahl eines demütigenden Rückzugs oder eines Atomkriegs lassen.
>
> *Aus der »Friedensrede« an der American University, 10. Juni 1963*

ken. Beide Seiten befänden sich in einem gefährlichen Teufelskreis aus gegenseitigen Verdächtigungen und Aufrüstung. Kennedy wies auf die großen Opfer Russlands im Zweiten Weltkrieg hin und rief dazu auf, nicht nur die Unterschiede und das Trennende, sondern auch die gemeinsamen Interessen zu sehen. »Denn letztlich bildet die Tatsache, dass wir alle Bewohner dieses kleinen Planeten sind, das uns im tiefsten gemeinsame Band. Wir alle atmen die gleiche Luft. Uns allen liegt die Zukunft unserer Kinder am Herzen. Und wir sind alle sterblich.« Mit seiner Vision eines Weltfriedens meinte er ausdrücklich nicht eine »Pax Americana, die der Welt durch amerikanische Kriegswaffen aufgezwungen wird«.

In den Vereinigten Staaten selbst fanden Kennedys Worte damals kaum Beachtung. Für die Sowjetunion dagegen

37 Präsident Kennedy bei der Unterzeichnung des Atomteststopp-Abkommens zwischen den USA, Großbritannien und der Sowjetunion am 7. Oktober 1963

war dies eine historische Rede. Die Ausstrahlung über »Voice of America« wurde nicht gestört, und Zeitungen druckten eine russische Übersetzung.

Die »Friedensrede« brach das Eis. Am 25. Juli 1963 einigten sich Vertreter Russlands, Großbritanniens und der Vereinigten Staaten auf ein Abkommen über den Stopp überirdischer Kernwaffentests. »Gestern durchbrach ein Lichtstrahl die Finsternis«, freute sich Kennedy, der den Vertrag nach der notwendigen Zustimmung des Senats am 7. Oktober unterzeichnete. Schon zuvor hatten Russen und Amerikaner die Einrichtung einer schnellen Telegrafenverbindung, des so genannten »heißen Drahts«, vereinbart, um in künftigen Krisen schnell und direkt miteinander kommunizieren zu können. Nicht noch einmal sollte es viele Stunden dauern wie während der Kubakrise, bis Botschaften, die über Krieg und Frieden entscheiden konnten, den Adressaten erreichten.

Diese und andere positive Entwicklungen bedeuteten jedoch nicht, dass die Probleme zwischen den beiden Machtblöcken ausgeräumt waren. Die Konkurrenz der beiden Supermächte blieb bestehen, und militärische Interventionen in der eigenen Einflusszone fanden weiterhin statt. Vor allem der atomare Rüstungswettlauf eskalierte. Abschreckung war aus Sicht der US-Regierung auch in Zukunft nötig, um den Frieden zu sichern. Fast zeitgleich mit Kennedys Rede an der American University verabschiedete der Kongress den bis dahin größten Verteidigungshaushalt. Der Präsident hielt sich zwar an sein Versprechen, keine Invasion Kubas zu befehlen. Doch ab März 1963 wurden wieder Sabotageaktionen auf Kuba

---

The quick brown fox jumps over the lazy dog.

Der erste Satz, den die Amerikaner über den heißen Draht schickten – er enthält alle Buchstaben des Alphabets.

durchgeführt, wenn auch auf geringerem Niveau als zuvor.

Die Kubakrise hatte möglicherweise noch eine weitere wichtige Folge. Die USA konnten sicher sein, dass die Sowjetunion sie nicht mehr außerhalb ihrer eigenen Einflusssphäre herausfordern würde. Andere Weltgegenden wurden Schauplätze der Ost-West-Auseinandersetzung. Die Kennedy-Regierung richtete ihr Hauptaugenmerk im internationalen Kampf gegen den Kommunismus im Laufe des Jahres 1963 auf eine ehemalige Kolonie in Südostasien: Vietnam. Gut zehn Jahre später sollten die letzten US-Truppen aus dem durch einen langen Krieg verwüsteten Land abziehen.

Bis alle Bürger frei sind

Niemand konnte John Kennedy jemals vorwerfen, seiner Zeit in Fragen der Bürgerrechte voraus gewesen zu sein«, schrieb William Chafe in seinem Standardwerk zur amerikanischen Nachkriegsgeschichte treffend. Kennedy wurde schließlich doch zu einem der prominentesten Befürworter der Bürgerrechte für schwarze Amerikaner. Aber es waren vor allem die Ereignisse, die ihn zwangen, Stellung zu beziehen. Sein Zögern und vorsichtiges Taktieren enttäuschten viele seiner liberalen Anhänger und die Führer der Bürgerrechtsbewegung. Gleichwohl war Kennedy als Präsident ein Hoffnungsträger der Schwarzen.

Zu Beginn der 60er-Jahre waren die Vereinigten Staaten eine zutiefst segregierte Gesellschaft. Die Rassentrennung in »schwarz« und »weiß« war allgegenwärtig, im Süden offen, im Norden versteckt. Mit besonderen Gesetzen »legalisierten« die Südstaaten die Rassentrennung im öffentlichen Raum. Es gab Schulen und Universitäten, die Schwarze nicht besuchen konnten, unterschiedliche Eingänge an öffentlichen Gebäuden, gesonderte Toiletten, Restaurants und Eisenbahnabteile. Zwar garantierte der nach dem Bürgerkrieg im Jahre 1868 verabschiedete 14. Verfassungszusatz die Gleichheit der Rassen. Doch diese könne – so hatte der Supreme Court, der oberste amerikanische Gerichtshof, 1896 in einer umstrittenen Entscheidung be-

Der amerikanische Bürgerkrieg von 1861–1865 hatte zwar die Befreiung der Sklaven gebracht, doch mit den so genannten **»Jim Crow«-Gesetzen** schrieben die Südstaaten die Rassentrennung und Unterdrückung der Schwarzen fest. Die Bezeichnung »Jim Crow« geht zurück auf den weißen Sänger und Komiker Thomas Rice in der ersten Hälfte des 19. Jahrhunderts. Zu seinem Repertoire gehörte der Auftritt als alter und behinderter »Neger« Jim, der für seinen Besitzer, Mr. Crow, tanzen musste: »Jump, Jim Crow.«

stimmt – auch in getrennten Einrichtungen verwirklicht werden, solange der gleiche Standard herrsche. Damit war die Trennung der Menschen nach Hautfarben höchstrichterlich erlaubt.

Im Zweiten Weltkrieg wuchs der Unmut der afroamerikanischen Bevölkerung. Schwarze GIs, die in Europa als Befreier gefeiert worden waren, wurden nach ihrer Rückkehr weiterhin als Bürger zweiter Klasse behandelt. Angeführt von Bürgerrechtsorganisationen wie der NAACP begann der Kampf dafür, den so lange versprochenen Bürgerrechten endlich zum Durchbruch zu verhelfen. Klagen gegen die Rassentrennung im Schulsystem führten 1954 zu einem ersten großen Sieg. In einem Grundsatzurteil hob der Oberste Gerichtshof die bis dahin gültige Formel »separate but equal«, getrennt, aber gleich, auf. Getrennte Bildungseinrichtungen, so die einstimmige Entscheidung der Richter, sind im Kern ungleich, benachteiligen dauerhaft und verstoßen damit gegen den Gleichheitsgrundsatz der Verfassung. »Mit aller gebotenen Eile« war die Rassentrennung im Bildungsbereich aufzuheben, bestimmte der »Supreme Court« in einer weiteren Entscheidung. Das Urteil war ein Meilenstein auf dem Weg zur Gleichheit der Afroamerikaner, auch wenn seine Umsetzung nur langsam vonstatten ging.

101 Kongressmitglieder aus dem Süden unterschrieben 1956 ein Manifest, in dem sie ihre Heimatstaaten aufforderten, das Urteil nicht umzusetzen. Dies war faktisch ein Aufruf zum Rechtsbruch. Mit allen möglichen Mitteln behinderten die Landesregierungen der Südstaaten die Öffnung ihrer bislang »weißen« Schulen und Universitäten

Die 1909 gegründete **NAACP** (National Association for the Advancement of Colored People) ist die älteste und größte Bürgerrechtsorganisation der Vereinigten Staaten.

für Schwarze. Im September 1957 spitzte sich der Konflikt in Little Rock, der Hauptstadt von Arkansas, zu. In offenem Widerstand gegen die Anordnung eines Bundesgerichts setzte Gouverneur Orval Faubus sogar die Nationalgarde ein, um neun schwarzen Schülern den Zugang zur Central High School der Stadt zu verwehren. Als er auch noch eine Vereinbarung mit dem Präsidenten brach, stellte Faubus direkt die Autorität der Bundesregierung infrage. Präsident Eisenhower, der das Urteil von 1954 nicht begrüßt hatte, gab seine Zurückhaltung auf und griff zu drastischen Maßnahmen. Er stellte die Nationalgarde des Staates unter Bundesbefehl und beorderte eine Fallschirmspringereinheit zum Schutz der schwarzen Kinder nach Little Rock.

Im selben Jahr beschloss der Kongress in Washington das erste Bürgerrechtsgesetz seit fast 100 Jahren, durch das dauerhaft eine Bürgerrechtskommission eingesetzt wurde. Um die Verabschiedung zu sichern, war das Gesetz aber so sehr verwässert worden, dass kaum Hoffnung bestand, damit gegen massive Einschränkungen des Wahlrechts für Afroamerikaner vorgehen zu können. Mit Lese- und Schreibtests sowie vielen weiteren schikanösen Maßnahmen wurde der großen Mehrheit der Schwarzen in den Südstaaten weiterhin die notwendige Registrierung als Wähler verweigert.

John F. Kennedy stand dem Schicksal der Afroamerikaner nicht gleichgültig gegenüber. Er hatte für das Bürgerrechtsgesetz von 1957 gestimmt und sich öffentlich gegen die Rassendiskriminierung ausgesprochen. Doch als er 1961 Präsident wurde, stand er vor einem Dilemma. Um

Die Bezeichnung »**Neger**« (»negro«) wurde in den frühen 60er-Jahren sowohl von schwarzen als auch von weißen Amerikanern benutzt. Erst später wurde sie wegen ihres diskriminierenden Charakters von den Afroamerikanern abgelehnt.

Mehrheiten für seine Gesetzesvorhaben zu finden, war Kennedy auf die Unterstützung konservativer und häufig rassistischer Demokratischer Kongressmitglieder aus den Südstaaten angewiesen. Außerdem rangierten die Außenpolitik und das »New Frontier«-Programm ganz oben auf seiner Agenda. Der neue Präsident war deshalb zu Beginn bemüht, die Rassenfrage möglichst zu ignorieren. Dies konnte jedoch nur begrenzt gelingen, denn noch immer wurde massiv gegen Recht und Gesetz verstoßen. So wurde drei von vier Schwarzen im Süden die Teilnahme an Wahlen verwehrt. Die überwiegende Zahl der Schuldistrikte im Süden war weiterhin segregiert, und nur zwei Prozent der schwarzen Schüler besuchten Schulen gemeinsam mit weißen Kindern. In vielen anderen Bereichen des öffentlichen Lebens herrschte ebenfalls strikte Rassentrennung. Der rassistische Ku-Klux-Klan erwachte Ende der 50er-Jahre zu neuem Leben. Gleichzeitig hatte die wieder erstarkte Bürgerrechtsbewegung, die mit gewaltfreien Aktionen für Aufsehen sorgte, in Martin Luther King einen charismatischen Führer gefunden.

Kennedys Amtsantritt hatte in diesem Lager neue Hoffnung geweckt. Sein begrenztes, aber taktisch kluges Eintreten für King im Wahlkampf hatte ihm wichtige Stimmen gebracht. In seiner Antrittsrede hatte er die großen Herausforderungen der Zeit beschrieben und die Menschen aufgerufen, sich für ihr Land einzusetzen und Opfer zu bringen. Zwei versteckte Wörter waren das einzige kümmerliche Eingeständnis, dass zu den vielen Herausforderungen auch der heimische Rassismus gehörte: Amerika dürfe nicht mit ansehen und zulassen, dass die Men-

---

Weil Kennedy sein **Wahlkampfversprechen**, die Unterzeichnung einer Anordung, welche die Rassendiskriminierung im öffentlichen Wohnungsbau beendet hätte, immer wieder hinauszögerte, organisierten Bürgerrechtsaktivisten eine »Ink for Jack«-Kampagne und schickten Kugelschreiber und Tinte ins Weiße Haus.

38 Martin Luther King

schenrechte allmählich zerstört würden, sondern müsse sich wie in der Vergangenheit international und »zu Hause« dazu bekennen. Diesem verklausulierten Zusatz hatte Kennedy erst auf Druck von Harris Wofford, seinem Berater in Bürgerrechtsfragen, zugestimmt.

Die neue Administration war auf dem Feld der Bürgerrechte nicht völlig untätig. Ihre Bemühungen konterkarierte sie jedoch auf vielfältige Weise. Kennedy hatte in einer der Fernsehdebatten mit Nixon verlauten lassen, die Rassendiskriminierung im öffentlichen Wohnungsbau könne er als Präsident »mit einem Federstrich« beenden. Immer wieder wurde er nach seiner Wahl gefragt, wann er denn

---

Martin Luther King (1929–1968) Der Pastor einer Baptistengemeinde in Montgomery, Alabama, war wohl der bedeutendste amerikanische Bürgerrechtler im 20. Jahrhundert. Als ein Anhänger gewaltfreier Aktionen in der Nachfolge Mahatma Gandhis stand er an der Spitze vieler Aktionen gegen die Rassentrennung. 1964 erhielt er den Friedensnobelpreis. Vier Jahre später wurde King erschossen. Der Weiße James Earl Ray gestand die Tat zunächst und wurde zu lebenslänglicher Haft verurteilt. Bis heute ist umstritten, ob er wirklich der Attentäter war.

nun endlich seine Unterschrift unter eine entsprechende Anordnung setzen werde. Und immer lautete die Antwort: Wenn die rechte Zeit gekommen ist. Die außenpolitischen Probleme waren groß, die Kommunisten angeblich dabei, den Westen in entscheidenden Bereichen zu überholen, da konnte eine innenpolitische Auseinandersetzung über die Rassentrennung dem internationalen Ansehen der USA nur schaden.

Keinem Schwarzen wurde ein wichtiges Ministerium angeboten, doch es gab Bemühungen, mehr Schwarze bei den Bundesbehörden einzustellen. Justizminister Robert Kennedy ging entschiedener als seine Vorgänger gegen Einschränkungen des Wahlrechts und andere Diskriminierungen vor. Um den Süden gewogen zu halten, ernannte er jedoch gleichzeitig rassistische Bundesrichter im Süden, die dann über viele Jahre Veränderungen blockierten. Es gab direkte Gespräche mit Führern der Bürgerrechtsbewegung, doch einem Treffen mit King stimmte der Präsident nur unter dem Vorbehalt zu, dass es geheim bleiben und »zufällig« stattfinden würde. Fotos durfte es davon nicht geben.

Allmählich wuchs die Frustration unter den Bürgerrechtlern. Manche von ihnen hatten jedoch Verständnis für die schwierige Position des Präsidenten: Er könne öffentlich zwar nicht klar Stellung beziehen, aber insgeheim sympathisiere Kennedy mit ihren Aktivitäten. Und so fühlten sich verschiedenste Personen von der Antrittsrede angesprochen und beschlossen, etwas für ihr Land zu tun – nicht immer zur Freude des Präsidenten.

Die Ersten waren Aktivisten von CORE, dem »Kongress für rassische Gleichheit«, die den Kennedy-Brüdern, der

CORE (Congress of Racial Equality) war eine 1942 gegründete Bürgerrechtsorganisation, die auf gewaltfreie Strategien gegen Diskriminierung und Rassentrennung setzte.

Bundespolizei FBI und den Busgesellschaften Greyhound und Trailways Ende April 1961 ihren Plan mitteilten, »Freedom Rides« (Freiheitsfahrten) zu unternehmen. Fünfzehn Männer und Frauen wollten ab dem 4. Mai in zwei gemischtrassigen Gruppen von Washington aus Richtung Süden reisen, um die Aufhebung der Rassentrennung bei Überland-Busunternehmen durchzusetzen. Im Jahr zuvor hatte der Supreme Court die Segregation bei Busterminals, Restaurants und Toiletten aufgehoben, aber faktisch herrschte immer noch die Rassentrennung. Laut James Farmer, dem Direktor von CORE, sollten Verhaftungen provoziert werden, um das Justizministerium zum Eingreifen zu zwingen. Robert Kennedy war gegen die Aktionen, sicherte den »Freedom Riders« aber Schutz zu.

Nach kleinen Konflikten kam es am 14. Mai in Anniston, Alabama, zu einem ersten schweren Zwischenfall. Ein Greyhound-Bus wurde unter Billigung der örtlichen Polizei von einem hundertköpfigen Mob überfallen und in Brand gesteckt. Die Aktivisten wurden zusammengeschlagen. Nicht besser erging es den Passagieren des Trailways-Busses in Birmingham, Alabama. Polizeichef T. Eugene »Bull« Connor hatte Mitgliedern des Ku-Klux-Klans mehrere Minuten Zeit zum Angriff der Gruppe gegeben, bevor seine Leute eingreifen würden.

John F. Kennedy tobte in Washington angesichts der negativen Schlagzeilen und der Bilder rassistischer Übergriffe, die um die Welt gingen. Nach dem Fiasko der Schweinebucht-Invasion beschäftigte ihn jetzt vor allem das bevorstehende Gipfeltreffen mit Chruschtschow in Wien. Harris Wofford sollte dafür sorgen, dass die »Freedom

Robert Kennedy bat Dr. King, sich einzubringen und zu versuchen, mich dazu zu bringen, den Freedom Ride zu beenden und eine Abkühlungsphase einzulegen (...) Ich bat Dr. King, Bobby Kennedy zu sagen, daß wir uns seit 350 Jahren abkühlen und daß wir uns in einem Tiefkühlzustand befänden, wenn wir noch weiter abkühlten.

James Farmer

Rides« aufhörten: »Stopp sie.« Doch der konnte und wollte nicht. Den Kennedys ging es vor allem darum, Konfrontationen zu vermeiden. Im Ernstfall waren sie jedoch bereit, sich auf die Seite des Rechts – und damit der Protestler – zu stellen.

Nach den gewaltsamen Angriffen entschied Farmer, die Aktion abzubrechen. Doch unter Führung der Bürgerrechtsgruppe SNCC wurden die Fahrten am 17. Mai von Nashville, Tennessee, in Richtung Birmingham fortgesetzt. Connor ließ die Aktivisten wegen Verstoßes gegen die Rassengesetze seines Staates verhaften. Hinter den Kulissen bemühte sich die Bundesregierung dagegen erfolgreich um die friedliche Fortsetzung der Fahrt. Unter Begleitung von Robert Kennedys Abgesandtem John Seigenthaler erreichte die Gruppe Montgomery, Alabama. Statt von Polizisten, die als Schutz zugesagt worden waren, wurden sie von gewaltbereiten Männern mit Knüppeln und Baseballschlägern empfangen. Sogar Seigenthaler wurde bewusstlos geschlagen und landete im Krankenhaus.

Die »Freedom Riders« gaben auch jetzt nicht auf. Den Sommer über nahmen immer mehr Studenten an weiteren Fahrten teil und ließen sich verhaften. Im September 1961 schließlich verfügte die für den Personen- und Güterverkehr zwischen den Einzelstaaten zuständige Bundesbehörde auf Antrag des Justizministers die Aufhebung aller Rassenschranken im Überlandverkehr.

Zur selben Zeit begannen Gruppen wie CORE in den Südstaaten eine von Washington unterstützte Kampagne zur Wählerregistrierung. Doch die Erfolge waren minimal. In Mississippi stieg die Quote der registrierten schwarzen

Mr. Cruit, ich denke, Sie (...) setzen sich besser in Verbindung mit Mr. Greyhound oder wer immer Greyhound ist. (...) Ich werde – die Regierung wird – sehr verärgert sein, wenn diese Gruppe ihre Reise nicht fortsetzen kann. (...) Jemand steigt besser in diesen verdammten Bus und bringt diese Leute auf ihren Weg.

Aus einem Telefonat Robert Kennedys mit einem Angestellten der Busgesellschaft Greyhound in Birmingham

Wähler von 5,3 auf 6,7 Prozent. Anderswo sah es zwar etwas besser aus, aber Morddrohungen oder Angst vor Entlassungen hatten viele potenzielle Wähler von der Registrierung abgeschreckt. Sechs Schwarze starben, viele andere wurden verletzt, Dutzende Häuser und Kirchen in Brand gesetzt. Beamte der Bundespolizei waren nur selten bei Gewalttaten gegen Schwarze eingeschritten. Wiederum hatte die Bundesregierung ihr Schutzversprechen nicht eingehalten, und das Vertrauen in Kennedy wurde im Lager der Bürgerrechtler immer geringer.

Fast ein Jahr lang blieb es relativ ruhig, und immer noch weigerte sich Kennedy, die Anordnung zur Aufhebung der Rassentrennung im öffentlichen Wohnungsbau zu unterschreiben. Im Spätsommer 1962 kam es dann erneut zu einem »Showdown« im Süden, diesmal in Mississippi. Inspiriert durch Kennedys Aufforderung, etwas für sein Land zu tun, hatte der 27-jährige Afroamerikaner James Meredith am 21. Januar 1961, einen Tag nach der Antrittsrede, die Bewerbungsunterlagen für ein Studium an der Universität von Mississippi angefordert. »Ole Miss« war eine Hochschule, an der nur Weiße studierten. Meredith, der neun Jahre in der Luftwaffe gedient hatte, erhielt einen ablehnenden Bescheid, weil er angeblich seine Bewerbungsunterlagen zu spät abgegeben hatte. Unterstützt von der NAACP reichte er Klage ein. Im Juni 1962 urteilte ein Bundesgericht, dass ihm die Aufnahme an die Universität von Mississippi nur aufgrund seiner Hautfarbe – und damit zu Unrecht – verwehrt worden sei. Als die Hochschule ihm weiterhin die Einschreibung verweigerte, schaltete das Justizministerium in Washington Ende August den

---

Das **Student Nonviolent Coordinating Committee** (SNCC = Snick) wurde im Oktober 1960 unter Mitwirkung von Martin Luther King gegründet und radikalisierte sich ab dem Jahr 1966.

39 James Meredith

Supreme Court ein, der am 10. September ebenfalls zugunsten von Meredith entschied.

Gouverneur Ross Barnett zeigte sich entschlossen, mit allen Mitteln die Rassentrennung an der Staatsuniversität aufrechtzuerhalten. In einer öffentlichen Erklärung griff der Demokrat am 13. September die Bundesregierung an, die mit »nackter und willkürlicher Gewalt« versuche, den Bürgern von Mississippi das Recht auf Selbstbestimmung zu verweigern. Doch er werde auch angesichts der »Tyrannei der richterlichen Unterdrückung« nicht einlenken: »Solange ich Gouverneur bin, wird keine Schule in unserem Staat integriert.« Am 20. und erneut am 25. September 1962 versperrte er Meredith persönlich vor laufenden Fern-

Two, four, one, three, we hate Kennedy!

Ausruf bei den Protesten gegen die Einschreibung von James Meredith an der Universität von Mississippi

sehkameras den Zutritt zur Universität. Dieser und andere Verstöße gegen Recht und Gesetz stellten eine direkte Herausforderung für die Regierung dar, die nun zum Handeln gezwungen war.

Die Kennedy-Brüder hatten gehofft, Bilder wie die von Little Rock vermeiden zu können. Sie hatten eine inhaltliche Parteinahme für Meredith vermieden und rein juristisch argumentiert, nur dem Recht zur Durchsetzung verhelfen zu müssen. Aber ebenso wie 1957 wurde der Einsatz von Truppen nötig. Nach weiterem Widerstand Mississippis und ergebnislosen Verhandlungen mit Barnett unterstellte der Präsident in den frühen Morgenstunden des 30. September die Nationalgarde von Mississippi seinem Befehl. Mehrere Armeeeinheiten erhielten Order, sich auf einen Einsatz vorzubereiten. Als die Truppen mit vielen Stunden Verspätung gegen 2 Uhr früh am 1. Oktober in der Universitätsstadt Oxford eintrafen, hatten Ausschreitungen zwischen gewalttätigen Demonstranten und »US-Marshals« bereits zwei Tote und über 200 Verwundete gefordert. Erst unter dem Schutz von 16000 Soldaten konnte sich Meredith einschreiben und gegen 9 Uhr morgens an seinem ersten Seminar teilnehmen.

Die Mehrheit der Weißen im Süden fühlte sich von den Kennedys verraten. Dies sei »Kennedys Ungarn«, hieß es in Anspielung auf die Niederschlagung des Aufstandes in Ungarn 1956 durch die Sowjetunion. Buttons und Aufkleber zogen Parallelen zum amerikanischen Bürgerkrieg: »Mississippi – von Bundestruppen besetzt.«

Die Regierung hatte sich bewegt, und sie hatte schließlich für Meredith Partei ergriffen. Die verschiedenen Bür-

Kennedys Eintreten für die Bürgerrechte der Afroamerikaner hatte Auswirkungen auf seine Popularität. Die **Zustimmungsrate zu seiner Politik** sank vor allem **in den Südstaaten** deutlich. Nach der Kubakrise stieg die Zustimmung in den Gallup-Umfragen für einige Monate.

1. März. 1961	65 %
21. Jan. 1962	70 %
10. Okt. 1962	52 %
1. März 1963	70 %
27. März 1963	60 %
20. Sep. 1963	44 %
10. Nov. 1963	51 %

gerrechtsgruppen zogen aus den »Freedom Rides« und den Ereignissen an »Ole Miss« eine wichtige Lehre für ihre künftige Strategie: Die Kennedys griffen erst ein, wenn der Druck auf sie zu groß wurde, wenn Fernsehen und Presse die hasserfüllten rassistischen Angriffe auf Afroamerikaner in die amerikanischen Wohnzimmer und die internationalen Nachrichten transportierten. Also mussten die gewaltfreien Aktionen so angelegt sein, dass die Polizei und die weißen Rassisten im Süden sich zu gewaltsamen Handlungen provozieren ließen. So würde man national wie international Aufmerksamkeit erregen und auf diesem Wege auch die Bundesregierung zum Handeln bewegen.

Folgerichtig starteten Bürgerrechtsgruppen unter der Führung von Martin Luther King Anfang April 1963 Projekt C (für »Confrontation«) in der wohl am stärksten segregierten Stadt der USA: Birmingham. Zwischen 1957 und 1963 zählte man in »Bombingham« 18 Bombenanschläge gegen Häuser und Einrichtungen von Afroamerikanern. Statt öffentliche Parks und Spielplätze auch für Schwarze zu öffnen, hatte die Verwaltung der Industriestadt sie lieber ganz geschlossen. Wenn hier die Lebensbedingungen für die 40 Prozent der Bevölkerung ausmachenden schwarzen Bürger verbessert werden könnten, so das Kalkül, dann gelänge dies auch sonst überall.

Die erste Stufe der Aktionen mit Boykotten und Sit-ins in segregierten Imbissen und Kantinen sollte die von Weißen dominierte Wirtschaft der Stadt treffen. Die Stadtregierung reagierte mit Festnahmen und erreichte nach einer Woche ein gerichtliches Verbot der Proteste. Als weiterhin Demonstrationen stattfanden, reagierten die Behörden mit

Jahrelang habe ich nun die Mahnung »Abwarten!« gehört, und diese Forderung klingt in den Ohren des Negers bereits schmerzhaft. Das »Warten« hat fast immer »Niemals!« bedeutet.

›Brief aus dem Gefängnis von Birmingham‹, mit dem Martin Luther King auf die Kritik weißer Pfarrer der Stadt an den Protestaktionen reagierte

neuen Verhaftungen. Am 12. April wurde auch King festgenommen und erst nach einer Woche entlassen. Die nächste Eskalationsstufe der »Aktion C« war auch unter den Organisatoren umstritten. Am 2. Mai demonstrierten über 1000 schwarze Schulkinder gegen die Rassendiskriminierung. Polizeichef Bull Connor reagierte wie erhofft und ließ über 900 von ihnen verhaften. Am nächsten Tag waren noch weit mehr auf der Straße. Diesmal ging die Polizei mit Schlagstöcken und Schäferhunden gegen die Protestler vor und trieb sie mit Feuerwehrspritzen und Wasserwerfern in die Enge. Wieder kamen hunderte ins Gefängnis.

Die Bilder der brutalen Polizeieinsätze gingen um die Welt. Auch Präsident Kennedy war entsetzt. Er sah keine Möglichkeit, direkt einzugreifen, schickte aber seinen Berater in Bürgerrechtsfragen, Burke Marshall, nach Birmingham. Mittlerweile waren Teile der weißen Führungsschicht von Birmingham, unter dem Wirtschaftsboykott leidend und um das Image der Stadt besorgt, zu Zugeständnissen bereit. Sie stimmten am 10. Mai 1963 einer schrittweisen Aufhebung der Rassentrennung zu. Doch das war noch nicht das Ende der Gewalt. Unterstützt von Gouverneur Wallace, der zu Beginn des Jahres mit dem Slogan »Segregation heute, Segregation morgen, Segregation für immer« sein Amt angetreten hatte, war eine Gruppe um Connor entschlossen, das Abkommen zu torpedieren. Nach Sprengstoffanschlägen auf das Haus von Martin Luther Kings Bruder und ein Motel, in dem die Führer der Protestbewegung wohnten, drohte die Lage völlig zu eskalieren. Erst nachdem Kennedy der Armee den Marschbefehl nach Birmingham gab, kehrte allmählich Ruhe ein.

Mit großer Sorge warne ich Sie vor weiteren Unruhen und Disharmonie, die mit Sicherheit resultieren werden, wenn diese subversiv gestimmten Agitatoren weiterhin gezielt die Bevölkerung des Südens belästigen. (…) Ich beschwöre Sie, (…) diese geplante »Invasion« unseres Landesteils zu stoppen.

Telegramm des Gouverneurs von Alabama,
John Patterson, an John F. Kennedy, 3. Juni 1961

Unter hohem persönlichem Risiko hatten tausende von Schwarzen einen großen Sieg in der Hochburg des Rassismus errungen. John und Robert Kennedy hatten mehr als symbolische Unterstützung geleistet und dem Recht zur Durchsetzung verholfen. Neben der lange Zeit fast ausschließlich legalistischen Argumentation waren zunehmend moralische Argumente zu hören gewesen. In einer Sonderbotschaft an den Kongress hatte der Präsident Ende Februar 1963 die Rassendiskriminierung scharf kritisiert – aus sozialen, wirtschaftlichen und außenpolitischen Gründen. »Aber vor allem ist sie falsch.« Vom Kongress hatte Kennedy zum Beispiel Gesetze gegen Wahlrechtsbeschränkungen gefordert. Nach den Kongresswahlen im November 1962 und gestärkt durch den »Sieg« in der Kubakrise hatte er außerdem endlich sein Wahlkampfversprechen erfüllt und eine Anordnung zur Abschaffung der Rassentrennung im öffentlichen Wohnungsbau unterschrieben.

Auch deshalb blieb Kennedys Zustimmungsrate bei der schwarzen Bevölkerung konstant hoch und erreichte Werte von 80 Prozent und mehr. Dagegen ging seine Popularitätskurve bei den weißen Südstaatlern steil nach unten. Nur noch jeder zweite von ihnen war mit seiner Politik einverstanden. Den meisten ging die rassische Integration zu schnell. In einer Gallup-Umfrage sprach sich im Sommer 1963 die überwiegende Mehrheit der Weißen im Süden – 82 Prozent – gegen ein nationales Gesetz zur Abschaffung der Rassentrennung in Restaurants und an anderen öffentlichen Orten aus. Lediglich jeder zweite Amerikaner war dafür. Währenddessen forderten die Bürgerrechtler genau dieses eindeutige und symbolträchtige

Sie lassen sich von Gruppen gesetzloser Bürgerwehren Ihr Bürgerrechtsprogramm diktieren. Deren angedrohte Märsche nach Washington sind nichts als Erpressung, Mr. President.

Bekenntnis von Kennedy. Wegen der großen Risiken einer solchen Politik, die ihn im November 1964 die Wiederwahl kosten könnte, war der Präsident weiterhin zögerlich. Erst eine erneute schwere Krise im Juni 1963 ließ Kennedy auch diese Bedenken überwinden.

Zum wiederholten Mal war der Schauplatz Alabama, und wieder ging es um die von einem Bundesgericht verfügte Zulassung von Schwarzen an einer staatlichen Universität. Erneut schwor ein Gouverneur, das Gesetz zu missachten, und versperrte persönlich den Zugang zum Campus. Wieder hatten die Kennedys zunächst legalistisch argumentiert, doch diesmal ging die Reaktion des Präsidenten einen entscheidenden Schritt weiter.

Am 11. Juni 1963 um 20 Uhr Ortszeit wandte sich Kennedy von seinem Schreibtisch im Weißen Haus aus über das Fernsehen direkt an das amerikanische Volk. Seine Rede war ein Wendepunkt. Er fand endlich in aller Öffentlichkeit klare Worte gegen die Rassentrennung und verurteilte sie uneingeschränkt. Dabei, so der Präsident, handle es sich um ein nationales Problem, das sich nicht in juristischen Fragen erschöpfe. 100 Jahre nach der Sklavenbefreiung sei es endlich an der Zeit, die vielfältige gesellschaftliche Benachteiligung und Unterdrückung der Afroamerikaner zu beenden und so die amerikanischen Freiheits- und Gleichheitsgrundsätze einzulösen: »Diese Nation (…) wird nicht ganz frei sein, so lange nicht alle ihre Bürger frei sind.« Kennedy kündigte an, in der folgenden Woche einen entsprechenden Gesetzentwurf vorzulegen.

Das »Bürgerrechtsgesetz von 1963«, das dem Kongress am 19. Juni 1963 zuging, richtete sich vor allem gegen die

---

Dieser Marsch am 28. August wird ein weiteres gutes Beispiel für kommunistischen Einfluß in unserem Lande sein. Die Kommunisten versuchen, die einen Amerikaner gegen die anderen aufzustacheln.

Aus Protestbriefen an John F. Kennedy gegen den geplanten »March on Washington«

Rassentrennung in öffentlichen Einrichtungen und Schulen sowie gegen Wahlrechtsbeschränkungen. Auch wenn viele Bürgerrechtler den Entwurf zu Recht für zu moderat hielten, wollten sie für seine Verabschiedung kämpfen und riefen zu einem großen »›March on Washington‹ für Freiheit und Arbeitsplätze« auf.

Der Kennedy-Administration behagte das ursprüngliche Konzept der Veranstaltung nicht, mit Sit-ins vor dem Kapitol Druck auf den Kongress zu machen. Sie drängte die Organisatoren erfolgreich, ihre Pläne zu ändern. Man einigte sich auf eine dreistündige Kundgebung am Lincoln Memorial, die an einem Mittwoch stattfinden sollte, damit möglichst viele der Demonstranten im Laufe des Tages wieder abreisten. Das Justizministerium versprach im Gegenzug mehrere hunderttausend Dollar zur Finanzierung der Veranstaltung. Aus Sorge, es könne doch zu Ausschreitungen kommen, wollte Kennedy erst nach der Kundgebung eine Gruppe führender Bürgerrechtler im Weißen Haus begrüßen.

Die Bedenken erwiesen sich als unbegründet. 250 000 Menschen, darunter über 50 000 Weiße, folgten dem Aufruf der großen Bürgerrechtsorganisationen, von Gewerkschaften und Kirchen und demonstrierten am 28. August 1963 friedlich für die Bürgerrechte der Schwarzen. Zu den vielen prominenten Teilnehmern zählten Joan Baez, Bob Dylan, Harry Belafonte, Sammy Davis jr. und Mahalia Jackson. Josephine Baker war eigens aus Frankreich angereist und beschrieb den Tag später in einem Brief an Kennedy als »größten Augenblick meines Lebens«. Am Lincoln Memorial wurde aber auch deutlich, dass besonders

> Sie schrieben den Negern vor, wann sie in die Stadt kommen sollten, wo sie haltmachen, welche Schilder sie tragen, welche Lieder sie singen sollten, welche Reden sie halten und welche sie nicht halten konnten; und sie befahlen ihnen, bei Sonnenuntergang aus der Stadt verschwunden zu sein.
>
> *Der radikale Schwarzenführer Malcolm X über die »Farce on Washington«*

unter den jüngeren Bürgerrechtlern die Kritik am vorsichtigen Kurs des Präsidenten wuchs. Nur unter dem vereinten Druck der anderen Organisatoren hatte SNCC-Führer John Lewis seine Rede entschärft und Passagen gestrichen, in denen er dem rassistischen Süden androhte, »verbrannte Erde« zu hinterlassen.

Dass der Tag in die Geschichte einging, ist jedoch auch Martin Luther King zu verdanken. In der wohl wichtigsten

40 March on Washington

Rede seines Lebens, die er nur in Teilen vorbereitet hatte, beschrieb King der begeisterten Menschenmenge seinen Traum, den amerikanischen Traum von der Gleichheit aller Menschen: »Ich habe einen Traum« (»I have a dream«), dass meine vier kleinen Kinder eines Tages in einer Nation leben werden, in der man sie nicht nach ihrer Hautfarbe, sondern nach ihrem Charakter beurteilen wird. Ich habe heute einen Traum (…).«

Die Kundgebung war ein riesiger symbolischer Erfolg. Kennedy zeigte sich anschließend demonstrativ mit King und anderen Bürgerrechtlern. Doch das garantierte noch nicht die Verabschiedung des Bürgerrechtsgesetzes. Im Norden wuchs die Zustimmung dazu, nachdem an einem Sonntag im September 1963 vier schwarze Kinder durch einen Bombenanschlag auf eine Baptistenkirche in Birmingham getötet und zwei weitere erschossen worden waren. Doch Abgeordnete aus den Südstaaten verhinderten weiterhin die Befassung mit dem Gesetzentwurf, und es ist mehr als fraglich, ob er ohne Kennedys Ermordung eine Mehrheit bekommen hätte.

Die Kugeln von Dallas

Heute geht's ins Land der Verrückten«, meinte Kennedy, nachdem er einen Blick in die Tageszeitung ›Dallas Morning News‹ vom 22. November 1963 geworfen hatte. In einer ganzseitigen »Willkommens«-Anzeige mit schwarzem Rand, die erzkonservative Wirtschaftsleute finanziert hatten, wurde ihm vorgeworfen, den Kommunisten das Feld zu überlassen. Am Tag zuvor waren Flugblätter aufgetaucht, die Kennedy in Steckbriefmanier darstellten und ihm Landesverrat vorwarfen.

Dass Kennedy im Heimatstaat von Vizepräsident Johnson nicht mit Jubel empfangen würde, hatten ihm bereits die schlechten Ergebnisse der Meinungsumfragen signalisiert, die vor allem auf sein Eintreten für die Bürgerrechte der Afroamerikaner zurückzuführen waren. Wie anderswo im Süden war auch in Texas nur noch die Hälfte der Bürger mit seiner Politik einverstanden. Zudem war Amerikas liberaler UN-Botschafter Adlai Stevenson im Oktober in Dallas bei einer Rede zum Tag der Vereinten Nationen angespuckt und angegriffen worden.

41 John und Jackie Kennedy bei ihrer Ankunft in Dallas am 22. November 1963

Dennoch waren die Sicherheitsbehörden nicht übermäßig besorgt. Im Laufe des Jahres waren bundesweit über 400 Morddrohungen gegen Kennedy eingegangen, doch es gab keine ernst zu nehmenden Hinweise auf einen Anschlag in Dallas. Deshalb mussten die Fenster der an die Fahrtstrecke grenzenden Häuser nicht geschlossen werden. Miami, das Zentrum der Exilkubaner, galt als weit gefährlicheres Pflaster für den Präsidenten.

Bereits im Juni hatte sich Kennedy zum Besuch fünf texanischer Großstädte entschieden. Die Kampagne zu seiner Wiederwahl im folgenden Jahr lief allmählich an, und Texas musste unbedingt wieder gewonnen werden. Außerdem hoffte der Präsident, die zerstrittenen texanischen Demokraten wieder zu einen.

Am 22. November 1963 stand ein Besuch in Dallas auf dem Programm, wo der Präsident sich bei einer längeren Fahrt durch das Stadtzentrum den Bürgern zeigen wollte. Früh am Morgen hielt Kennedy eine kurze Ansprache an die vor seinem Hotel in Fort Worth versammelte Menschenmenge. Es regnete leicht, doch für später war mit Sonne zu rechnen, weshalb er anordnete, das – nicht schusssichere – Dach der Präsidentenlimousine abzunehmen. Nach dem Tod ihres Sohnes Patrick Kennedy war Jackie Kennedy erstmals wieder bei einer solchen Tour an der Seite ihres Mannes.

Um 11.50 Uhr setzte sich die Fahrzeugkolonne am Flughafen von Dallas in Bewegung. Mit dem Präsidenten und Jackie, die mit ihrem rosa Kostüm schon von Ferne strahlte, saßen Gouverneur Connally und dessen Frau in Kennedys

Dieser Mann wird wegen landesverräterischer Handlungen gegen die Vereinigten Staaten gesucht.
1. Verrat an der Verfassung (…) Er übergibt die US-Souveränität an die kommunistisch kontrollierten Vereinten Nationen.
4. Er hat die kommunistisch inspirierten Rassenunruhen unterstützt und gefördert.
5. Er hat illegal einen souveränen Bundesstaat mit Bundestruppen besetzt.

Anti-Kennedy-Flugblatt »Wanted for Treason«, 21. Nov. 1963

offenem »Lincoln Continental«. Die Fahrtroute war zuvor in den Zeitungen veröffentlicht worden, und weit über 200 000 Menschen säumten die Straßen und jubelten den winkenden Kennedys zu. Connally zeigte sich erleichtert, dass die befürchteten Störungen ausblieben: »Herr Präsident, Sie können nicht behaupten, dass Dallas Sie nicht liebt.« Bald würde man die Stadtautobahn erreichen, und von dort sollte es zum nächsten Veranstaltungsort gehen, wo bereits über 2500 Menschen auf den Präsidenten warteten.

Die enge Linkskurve von der Houston Street in die Elm Street zwang den Fahrer am Dealey Plaza, die Geschwindigkeit auf knapp 18 km/h zu drosseln. Die große Uhr auf dem angrenzenden »Texas School Book Depository« zeigte 12.30 Uhr an. Plötzlich fielen innerhalb von wenigen Sekunden mehrere Schüsse. Eine Kugel traf den Präsidenten am Kopf und riss seine Schädeldecke auf. Er fiel seiner

42 Kennedy und Gouverneur Connally sind von Kugeln getroffen worden.

Frau in die Arme. Mit Höchstgeschwindigkeit raste die Präsidentenlimousine dann in Richtung »Parkland Memorial Hospital«. Doch jede Hilfe kam zu spät. Um 13 Uhr erklärten die Ärzte John F. Kennedy für tot.

Verteidigungsminister McNamara und General Taylor alarmierten US-Truppen in aller Welt. Außenminister Rusk und fünf weitere Kabinettsmitglieder, die im Anschluss an eine hochrangige Planungssitzung zur Situation in Vietnam auf dem Weg von Hawaii nach Tokio waren, kehrten sofort um.

Aus Angst vor einer größeren Verschwörung gegen die amerikanische Regierung drängten die Sicherheitsbeamten des »Secret Service« auch Vizepräsident Johnson, so schnell wie möglich in die sichere Hauptstadt zurückzukehren. Der designierte Amtsnachfolger wollte aber nur gemeinsam mit Jackie Kennedy fliegen, die darauf bestand, dass

43 Jack Ruby erschießt Lee Harvey Oswald.

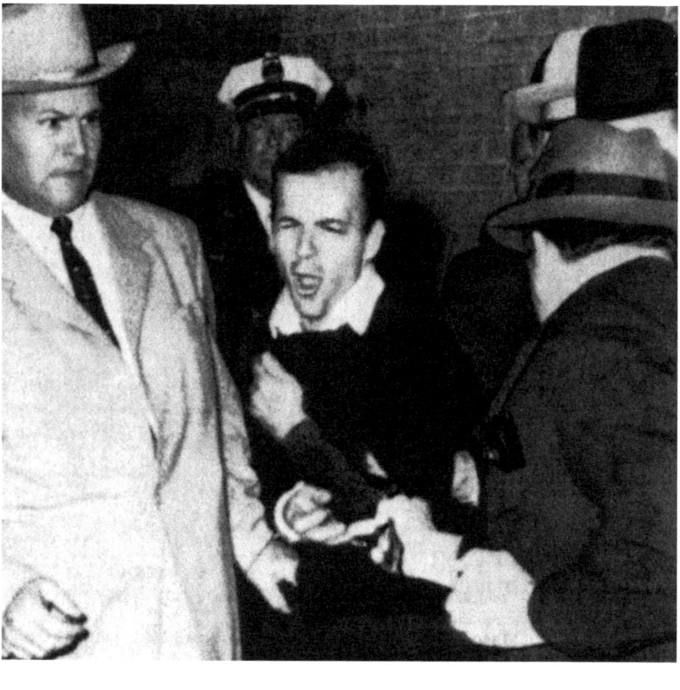

ihr toter Mann mitkommen musste. Die Obduktion hätte laut den örtlichen Bestimmungen in Dallas stattfinden müssen, doch gegen den Protest städtischer Beamter wurde der Leichnam John F. Kennedys in die Präsidentenmaschine gebracht. Um 14.38 Uhr wurde Lyndon Johnson an Bord von einer Bundesrichterin zum 36. Präsidenten der Vereinigten Staaten vereidigt. Jackie Kennedy hatte kurz zuvor mit einem Taschentuch ihr Kleid ein wenig vom Blut ihres Mannes gesäubert, aber sie weigerte sich beharrlich, ihre Kleidung zu wechseln.

Mittlerweile war in Dallas ein Mann als Hauptverdächtiger verhaftet worden. Der Motorradpolizist Marrion Baker war gleich nach den Schüssen ins »Texas School Book Depository« gerannt, wo er um 12.32 Uhr im Pausenraum einem Mann mit einer Colaflasche begegnete. Dies war Lee Harvey Oswald, der seit einigen Wochen dort arbeitete. Wenige Minuten später konzentrierte sich die Polizei ebenfalls auf dieses Gebäude, aus dem die Schüsse abgegeben worden sein sollten. Als die Angestellten antreten mussten, fehlte Oswald, der sofort zur Fahndung ausgeschrieben wurde. Bald fand man im fünften Stock ein Gewehr und drei Patronenhülsen. Gegen 13.50 Uhr wurde der mutmaßliche Attentäter in einem Kino gefasst. Auf der Flucht hatte er, so ein weiterer Vorwurf, den Polizeibeamten Tippit erschossen.

Der Mord an einem Präsidenten war damals noch kein Bundesverbrechen, weshalb die Polizei von Dallas für den Fall zuständig war. Für sie stand Oswald von Beginn an als Täter fest. Dieser stritt die beiden ihm zur Last gelegten Morde allerdings ab und erklärte vor der Presse, er werde

Der 1939 geborene **Lee Harvey Oswald** diente von 1956 bis 1959 bei den Marines und galt nicht als guter Scharfschütze. Er siedelte 1959 in die Sowjetunion über und kehrte 1962 mit seiner russischen Frau in die Vereinigten Staaten zurück. Oswald stand unter Beobachtung des FBI und war einziges Mitglied eines obskuren »Fair Play for Cuba Committee« in New Orleans.

zum Sündenbock gemacht. Die Zustände im Polizeihauptquartier in Dallas, wo Oswald festgehalten wurde, waren an diesem Wochenende chaotisch. Allein schon der Medienrummel überforderte die Behörde völlig. Viele Gerüchte kursierten unter den hunderten von Journalisten, die in dem Gebäude ein- und ausgingen. Als Oswald am 24. November in ein anderes Gefängnis überführt werden sollte, erschoss ihn der Nachtklubbesitzer Jack Ruby im Keller des Polizeigebäudes vor laufenden Kameras. Er habe Jackie Kennedy und ihren Kindern den Gerichtsprozess ersparen wollen, gab Ruby später als zweifelhaftes Motiv für seine Tat an.

Auch 40 Jahre nach den Ereignissen sind die Hintergründe der Tat weiterhin umstritten. Nicht erst seit Oliver Stones überaus erfolgreichem Hollywoodfilm »JFK – Tatort Dallas« von 1991 ist eine Mehrheit der US-Bürger davon überzeugt, dass Kennedy einer Verschwörung zum Opfer fiel. Weit über 2000 Bücher, spezielle Zeitschriften, Fernsehdokumentationen und unzählige Vorträge behaupten mit oft absurden Theorien, endlich die »Wahrheit« aufzudecken.

Um die schon in den ersten Tagen nach dem 22. November 1963 aufkommenden Gerüchte über eine Verschwörung einzudämmen, ordnete Präsident Johnson eine Woche später eine Untersuchung an. Der nach ihrem Leiter Earl Warren, dem Obersten Richter des Supreme Court, benannten Kommission gehörten Republikanische und Demokratische Politiker, der frühere CIA-Direktor Allen W. Dulles sowie John J. McCloy, der ehemalige Hochkommissar in Deutschland, an. Am 24. September 1964 erhielt Johnson den Abschlussbericht.

Präsident Kennedy starb wie ein Soldat, unter Feuer, in Pflichterfüllung und im Dienst für sein Land.

Charles de Gaulle

Umfangreiche Ermittlungen, tausende von Befragungen, ballistische Tests und eine Nachstellung des Attentats ließen aus der Sicht der Kommission nur ein Urteil zu: Lee Harvey Oswald hat als Alleintäter gehandelt. »Die Kommission hat keinen Beweis dafür gefunden, dass Lee Harvey Oswald oder Jack Ruby Beteiligte irgendeiner in- oder ausländischen Verschwörung zur Ermordung Präsident Kennedys waren.«

Insgesamt seien drei Schüsse abgegeben worden, von denen eine ihr Ziel verfehlt habe. Eine zweite habe Kennedy von hinten in den Hals getroffen und dann auch Gouverneur Connally verletzt. Die dritte Kugel tötete den Präsidenten. Zum Motiv des Täters gab der »Warren Report« keine klare Auskunft.

Schon bald nach seiner Veröffentlichung regte sich Kritik an dem Bericht. Ein Sonderausschuss des Repräsentantenhauses zu den Ermordungen von Kennedy und Martin Luther King bestätigte 1978 viele der Vorwürfe und warf der Warren-Kommission vor, die ihrer eigenen Interpretation widersprechenden Indizien nicht ausreichend berücksichtigt zu haben. Zeugen hatten zwischen zwei und sechs Schüsse gehört, die auch von einem Grashügel, dem so genannten »Grassy Knoll«, von vorn auf den Präsidenten abgegeben worden seien. Die bei der Obduktion im Marinekrankenhaus in Bethesda gemachten Fotos und Röntgenaufnahmen Kennedys waren nicht untersucht worden. Die Kommission hatte sich außerdem auf die fehlerhaften Angaben der für eine kriminologische Untersuchung nicht ausgebildeten Pathologen verlassen und die Schusswunden falsch lokalisiert.

Nach Oliver Stones Film ›JFK – Tatort Dallas‹ von 1991 wuchs die Kritik, dass immer noch die meisten Akten unter Verschluss gehalten wurden. Der amerikanische Kongress reagierte darauf mit dem »President John F. Kennedy Assassination Records Collection Act of 1992«. In beispielloser Form regelt dieses Gesetz die Öffnung praktisch aller Akten, die in irgendeiner Form mit der Kennedy-Ermordung zu tun haben. Sie werden seitdem zentral im Nationalarchiv gesammelt. Über 4 Millionen Seiten sind bereits zugänglich.

Der große Zeitdruck, unter dem die Ermittler standen, erklärt manche der Fehler, die in dem Bericht und den 26 Zusatzbänden zu finden sind. Schwerer wiegt aber, dass es der Kommission offenbar weniger darum gegangen war herauszufinden, wer wirklich hinter dem Verbrechen stand, als darum, die Öffentlichkeit von der Einzeltäterthese zu überzeugen. Ein Hauptkritikpunkt des späteren Untersuchungsausschusses war deshalb das Versäumnis der Warren-Kommission, »die Möglichkeit einer Verschwörung zur Ermordung des Präsidenten adäquat zu untersuchen«. So waren Jack Rubys Verbindungen zum organisierten Verbrechen nicht Gegenstand detaillierter Nachforschungen gewesen. Außerdem stellte sich heraus, dass das FBI, die CIA und der »Secret Service« wichtige Informationen zurückgehalten hatten. Dies diente vor allem dem jeweiligen Selbstschutz: Die Sicherheitsbehörden standen wegen des nicht verhinderten Attentats bereits in der Kritik. Sie wollten verhindern, dass etwa CIA-Pläne zur Ermordung Castros oder die Zusammenarbeit mit Teilen der Mafia bekannt wurden.

Der Untersuchungsausschuss von 1978 bestätigte viele der Kernaussagen des Warren-Reports: Der Halsschuss wie auch die tödliche Kugel seien von hinten gekommen und Oswald als Schütze zweifelsfrei identifiziert worden. Die Kugeln seien aus einem 1940 hergestellten italienischen Mannlicher-Carcano-Gewehr Kaliber 6,5 abgefeuert worden, das Oswald für 12,78 Dollar bei einem Versandhaus in Chicago bestellt und um ein billiges Teleskop erweitert habe. Um drei Schüsse damit abgeben zu können, brauchte man nach neuen Messungen weniger Zeit als ursprünglich angenommen.

Der Präsident erklärte, daß völlig übertriebene Gerüchte hier im Lande und im Ausland die Runde machten. (...) Einige Gerüchte gingen so weit, daß die Ermordung einer Gruppe innerhalb der Regierung zugeschrieben

Eine der umstrittensten Theorien der Kommission wurde ebenfalls akzeptiert: Nur drei Kugeln und ebenfalls nur drei Patronenhülsen waren gefunden worden. Eine Kugel hatte offensichtlich ihr Ziel verfehlt, eine andere Kennedy am Kopf getroffen. Um dennoch alle Schusswunden Kennedys und des Gouverneurs erklären zu können, musste die dritte Kugel, die im Krankenhaus auf der Bahre Connallys gefunden worden war, beide Männer nacheinander getroffen haben. Diese »magische Kugel«, wie sie bald von Skeptikern bezeichnet wurde, habe erst Kennedys Hals durchschlagen, sei dann durch den Oberkörper Connallys gegangen, habe als Nächstes dessen Handgelenk und schließlich seinen linken Oberschenkel verletzt. Der Untersuchungsausschuss hielt dieses Szenario für plausibel.

In einem entscheidenden Punkt wich man aber völlig von den früheren Untersuchungsergebnissen ab: Kurz vor Abschluss des Berichts kam eine Mehrheit des Ausschusses zu dem Schluss, es habe mit 95-prozentiger Sicherheit noch einen weiteren Schützen gegeben, der vermutlich am »Grassy Knoll« stand. Den Ausschlag hatte eine angeblich zur Tatzeit von einem Polizeimotorrad am Dealey Plaza gemachte Tonaufnahme gegeben, auf der man mehr als drei Schüsse zu hören glaubte. Weitere Belege wie eine vierte Kugel oder einen zweiten Schützen fand aber auch diese Kommission nicht.

Aus Sicht des Untersuchungsausschusses steckten weder die Sowjetunion noch Kuba hinter dem Attentat. Auch für eine Beteiligung der amerikanischen Sicherheitsbehörden fand man keine Belege. Das von vielen Autoren verdächtigte organisierte Verbrechen sowie Anti-Castro-Gruppen wurden

werde, die sich wünschte, daß Präsident Johnson das Präsidentenamt übernehme. Andere Gerüchte könnten, so sie nicht erstickt werden, das Land sogar in einen Krieg führen, der vierzig Millionen Leben kosten könnte. (...) Er lege Wert darauf, die Gerüchte zu ersticken und weitere Spekulationen auszuschließen.

Aus einem internen Memorandum über eine Sitzung von Warren mit Mitarbeitern der Untersuchungskommission am 20. Januar 1964

ebenfalls entlastet, auch wenn nicht ausgeschlossen wurde, dass Mitglieder der Mafia oder Exil-Kubaner beteiligt waren.

Spätere wissenschaftliche Analysen kamen zwar zu einer vernichtenden Kritik des akustischen »Beweises«, doch nun konnten sich alle Zweifler an der Einzeltäterthese von höchster Stelle bestätigt fühlen: Es hatte eine Verschwörung zur Ermordung Kennedys gegeben.

Heute steht der überwiegende Teil der lange verschlossenen Akten den Forschern im amerikanischen Nationalarchiv zur Verfügung. Ein Ende der Diskussion ist aber schon deshalb nicht in Sicht, weil ein lukrativer Markt existiert, auf dem selbst die absurdesten Thesen ein Publikum finden und »Zeugen« ihre möglichst sensationellen Erinnerungen und Erkenntnisse zu Geld machen können.

Die Warren-Kommission, die doch eigentlich den vielen Verschwörungstheorien ein Ende bereiten sollte, trägt eine gehörige Schuld daran. Durch ihre Versäumnisse und ihre Fehler hat sie zum einen den Spekulationen Tor und Tür geöffnet, zum anderen hat sie wichtige Spuren missachtet. Auch spätere Untersuchungen konnten keine letzte Klarheit über den oder die Täter und ihre Motive bringen.

Viele Spekulationen und Behauptungen können relativ leicht entkräftet werden. Doch selbst wenn man akzeptiert, dass Lee Harvey Oswald der Todesschütze war – wofür fast alle Indizien sprechen –, ist damit nicht zwingend ausgeschlossen, dass andere das Attentat mit geplant hatten, John F. Kennedy also einer Verschwörung zum Opfer gefallen ist. Aber egal, für welche Theorie man sich letzten Endes auch entscheidet, eine gehörige Portion »Glaube« gehört dazu.

Erbe und Mythos

Vielen Amerikanern erschien es im Rückblick, als sei das Land nach dem gewaltsamen Tod John F. Kennedys aus den Fugen geraten. Der Traum von einem anderen, besseren Amerika endete abrupt, und es folgte eine lange Serie von Albträumen: die Eskalation des Vietnamkriegs, der das Land dauerhaft zerriss und Amerika endgültig seine Unschuld nahm, die Studentenunruhen und die gewalttätigen Rassenkonflikte, die Ermordungen von Bobby Kennedy und Martin Luther King sowie schließlich der unrühmliche Rücktritt von Präsident Nixon wegen der Watergate-Affäre.

Nach Kennedys Tod behaupteten 65 Prozent aller Amerikaner, bei der Präsidentschaftswahl 1960 für ihn gestimmt zu haben. In Wahrheit hatte er nur knapp 50 Prozent der Stimmen erhalten. Bis heute rangiert er unter den populärsten Präsidenten.

Der »demokratische Prinz« im Weißen Haus war der erste Popstar unter Amerikas Politikern, und die Populärkultur wurde von ihm inspiriert wie von nur wenigen anderen Persönlichkeiten. Lieder über ihn und seine Ermordung finden sich im ganzen Spektrum von Klassik bis Techno. Andy Warhol portraitierte nicht nur Jackie Kennedy, sondern produzierte auch eine Siebdruckserie zum 22. November 1963.

44 Andy Warhol: ›Flash November 22‹, 1963

Das erste Supermannheft mit Präsident Kennedy erschien im Februar 1962, Salz- und Pfefferstreuer in Form von Porzellanschaukelstühlen mit Kennedys Figur und unzählige andere »Souvenirs« fanden schon zu seinen Lebzeiten reißenden Absatz. Bis heute erscheinen Romane, werden Spiel- und Fernsehfilme produziert, die Kennedys Leben und seinen Tod zum Thema haben und mit immer neuen Verschwörungstheorien aufwarten.

Was ist das Erbe des Mannes, dem Historiker in Umfragen bestenfalls durchschnittliche Noten geben? Kennedys Aufbruchsignal zu Beginn der »Sixties« wurde weltweit von der jungen Generation empfangen. In den USA fühlten sich viele persönlich von seinen Worten angesprochen, etwas für ihr Land zu tun. James Meredith und James Farmer verstanden dies als Aufruf, den Bürgerrechten für die schwarze Bevölkerung auch unter Gefahr für das eigene Leben zum Durchbruch zu verhelfen. Andere waren bereit, »jeden Preis zu zahlen« und in Vietnam die »Freiheit« gegen den Kommunismus zu verteidigen. Tausende weitere bewarben sich, um ihrem Land als »Botschafter des Friedens« im Rahmen des Peace Corps zu dienen. Auch die frühe Studentenbewegung wurde zum Teil durch Kennedy angeregt, der den Menschen den Glauben gab, dass sie mit ihrem eigenen kleinen Beitrag etwas verändern und die Welt zu einem besseren Ort machen konnten.

Mit seinen Visionen und seiner Rhetorik schraubte Kennedy die Erwartungen der Menschen hoch, so hoch, dass er sie nur enttäuschen konnte. Gewiss, er hatte kein klares Mandat erhalten, und ihm stand ein konservativer Machtblock im Kongress gegenüber. Insgesamt erhielt er zwar

---

Die Ideen John F. Kennedys bewegen die Menschen und vor allem die jüngere Generation. Sie sind ein vernünftiger Ausdruck der Hoffnung auf eine Welt, die vor den Problemen nicht kapituliert, sondern sie bewältigen will. Gerade die jungen Menschen haben erfaßt, was dieser vorwärtsgewandte Mann wollte.

Willy Brandt

für fast 85 Prozent seiner Initiativen die Zustimmung von Senat und Repräsentantenhaus – seinem Amtsvorgänger war dies nur in 70 Prozent der Fälle gelungen –, doch mit vielen bedeutenden Gesetzesvorhaben scheiterte er. Oft genug, wie in der Frage der Durchsetzung der Bürgerrechte, mangelte es ihm an Entschlossenheit und Mut. Die missglückte Schweinebucht-Invasion erinnerte viele an dunkelste Zeiten eines amerikanischen Imperialismus.

In einem Brief an den Herausgeber der ›New York Times‹ schrieb Kennedy: »Sie werden sich erinnern, was Senator Dirksen über den Schaukelstuhl gesagt hat – er vermittelt einem das Gefühl der Bewegung, jedoch ohne das der Gefahr.« Lange, zu lange, vermied Kennedy in heiklen innenpolitischen Fragen die Gefahr. In Anspielung auf sein preisgekröntes Buch forderten schon zeitgenössische Kritiker von ihm »less profile, more courage«: weniger äußeren Schein und mehr Mut. Meist zwangen ihn erst die Ereignisse zu handeln, aber schließlich bewegte auch Kennedy sich und ging größere politische Risiken ein.

Erst seine Ermordung und das Geschick seines Nachfolgers Lyndon Johnson setzten dann aber die Kräfte frei, ein Bürgerrechtsgesetz und viele andere Vorhaben der Kennedy-Regierung zu verwirklichen. Von dem ehemaligen Mehrheitsführer des Senats hieß es, er habe nie eine Debatte als Redner entschieden, aber er habe auch keine Abstimmung in den Hinterzimmern verloren. Mit sicherem politischem Gespür benutzte Johnson schon wenige Tage nach Kennedys Ermordung den toten Präsidenten als eine Art Märtyrer für ein groß angelegtes Reformprogramm,

---

Mir war klar, daß ich auch einen Freund verloren hatte. Nach dem 22. November 1963 hatte ich den Eindruck, daß Amerika seine Unschuld verloren hatte und daß wir in gewisser Weise niemals mehr so jung sein würden.

John Glenn

dem mit einem Bürgerrechtsgesetz das beste Denkmal gesetzt werden könnte. Kennedys »Lasst uns beginnen« wurde zu einem »Lasst uns fortfahren«.

Vergleicht man das Amerika von 1961 mit dem von 1963, so war das Land ohne Zweifel in Bewegung geraten. Kennedy hatte einen entscheidenden Anteil daran, doch im Rückblick stellten die »tausend Tage« seiner Präsidentschaft nur den Übergang zu den liberalen 60er-Jahren dar, die eine umwälzende kulturelle Veränderung brachten.

John F. Kennedy überschritt nur selten wirklich eine »New Frontier«, auch wenn seine Rhetorik anderes suggerierte. Die große Enttäuschung und Bitterkeit, die viele »Abrechnungen« von Publizisten und Historikern mit Kennedy prägt, erklärt sich zu einem Gutteil aus den vielen unerfüllten Hoffnungen seiner Amtszeit. Erwartungshorizont und Erfahrungsraum klafften weit auseinander. Die meist erst lange nach seinem Tod aufgedeckten »dunklen Seiten« von Politik und Privatleben des so hell strahlenden John F. Kennedy verstärkten das Gefühl des »Verrats« noch zusätzlich. Sie umfassen seine Obsession, Fidel Castro auch mithilfe von Mordanschlägen aus dem Weg zu räumen, die Kontakte zur Mafia, die im Präsidentschaftswahlkampf wichtige Unterstützung geleistet hatte – und dann von Justizminister Robert Kennedy bekämpft wurde –, die Lügen über seine Krankheiten sowie seine unzähligen Affären.

Zu seinen Lebzeiten hatten Kennedys Vater und seine Familie, seine Berater und seine politischen und persönlichen Freunde, Journalisten, Kriegskameraden sowie Stu-

---

Jack Kennedy ist eine neue Art des politischen Führers (…) Höchstwahrscheinlich ist unser Präsident ein neuer Oberbefehlshaber. Er ist weder ein Vater, noch ein Gott, noch eine Gottesfigur, noch eine Institution, noch ein Symbol. Er ist in Wirklichkeit (…) eine Metapher. Das bedeutet, Jack Kennedy ist eher so etwas wie ein Held von ungewisser moralischer Größe: Wird sein Wesen am Ende tragisch oder episch sein?

Norman Mailer, 1961

45 Das vielleicht berühmteste Bild vom Tag der Beerdigung, das Millionen Menschen in der ganzen Welt anrührte: John jr. salutiert seinem toten Vater. Doch seine Geste war keine spontane Nachahmung der Marines. Um die Wirkung wissend, hatte Jackie Kennedy ihren Sohn dazu ermuntert.

dienkollegen und nicht zuletzt John F. Kennedy selbst an seiner Legende gestrickt. Er wurde zu einem Fleisch gewordenen Traum Amerikas, der alle guten Eigenschaften in sich zu vereinen schien. Nach seiner Ermordung arbeiteten viele daran, dieses Bild gegen alle Anfeindungen und Enthüllungen zu verteidigen. An vorderster Front

Heute hat der tote Kennedy unendlich mehr Macht als der lebende Kennedy. Obwohl seine Administration kein Erfolg war, ist er selbst zu einem Musterbeispiel politischer Erstklassigkeit geworden. Dieses Phänomen läßt sich zum Teil auf das menschliche Bedürfnis nach Helden zurückführen (...). Aber vor allem ist die Legende die bewußte Schöpfung der Kennedy-Familie und ihrer Schützlinge.

Gore Vidal, ›Die heilige Familie‹, 1967

stand seine Witwe Jackie, die den Kennedy-Mythos weiterschrieb, beginnend mit der Inszenierung der Trauerfeierlichkeiten, und ihm einen Namen gab: »Es wird niemals wieder ein Camelot geben«, schrieb sie der Sekretärin ihres Mannes am 25. Dezember 1963.

In der Nacht vom 22. auf den 23. November mussten Mitarbeiter in der Kongressbibliothek nach Büchern suchen, die die Beerdigungszeremonie von Abraham Lincoln beschrieben, eines anderen »Märtyrers«. Das Zeremoniell folgte einem bis ins kleinste Detail ausgearbeiteten Plan. Dazu gehörten die Trommler, die den Sarg am 24. November auf seinem Weg vom Weißen Haus zum Kapitol begleiteten, und die Pferde, die den Sarg zogen. Auch die Ewige Flamme auf dem Grab war Jackie Kennedys Idee gewesen. In der Rotunde des Kapitols nahmen 18 Stunden lang hunderttausende Menschen Abschied von Kennedy. Zum Staatsbegräbnis auf dem nationalen Ehrenfriedhof Arlington bei Washington kamen am folgenden Tag über 100 Regierungschefs, und ungezählte Menschen säumten den Weg des Trauerzuges.

Auch in den Folgejahren wachte die Familie streng über die Erinnerung an John F. Kennedy. Für den Bau der Außenstelle des Nationalarchivs mit den Akten Kennedys und seiner Berater wählte Jackie Kennedy den noch relativ unbekannten Architekten I. M. Pei aus, der später unter anderem die Glaspyramide am Pariser Louvre entwarf. Das atemberaubende Gebäude gegenüber dem Hafen von Boston wurde zu einem Denkmal für den ermordeten Präsidenten. Die John F. Kennedy Library, die

46 Die John F. Kennedy Library im Hafen von Boston

zugleich als Familienarchiv und Museum fungiert, hatte viele Jahre lang einen schlechten Ruf unter Historikern und Journalisten, weil auch hier versucht wurde, das Andenken des Präsidenten vor der unliebsamen Kritik von Forschern zu schützen. Viele wichtige Aktenbestände standen nur denjenigen zur Verfügung, die an der Camelot-Saga mitschreiben wollten.

Anders als die offiziellen Akten, die mittlerweile den forscherfreundlichen amerikanischen Archivgesetzen unterliegen, ist der Zugang zu großen Teilen des Familienarchivs auch 40 Jahre nach Kennedys Tod nur wenigen Auserwählten möglich. So schlummern dort sicherlich noch einige Geheimnisse, doch für die politische Geschichte der Kennedy-Präsidentschaft sind kaum noch bahnbrechende neue Erkenntnisse zu erwarten.

Das Erbe John F. Kennedys bleibt zwiespältig, doch im kollektiven Bewusstsein ist er weiterhin eine Lichtgestalt. Jackie Kennedy sagte wenige Wochen nach der Ermordung ihres Mannes: »Geschichte wird nur von verbitterten alten Männern geschrieben. Jacks Leben hatte mehr mit Mythen, Magie, Legenden und Sagen zu tun als mit politischer Theorie oder politischer Wissenschaft.« Ihr Mann hatte sich im Sommer 1962 in einer Ansprache vor Studenten der Universität Yale ebenfalls über den Mythos geäußert und ihn als »großen Feind der Wahrheit« bezeichnet. Bis heute bemühen sich die Historiker – ob alt oder jung, verbittert oder nicht – um eine Annäherung an die historische »Wahrheit«, doch der Mythos ist meist mächtiger als sie.

Ich habe nie einen netteren und guteren [sic] Mann gekannt. Es gab nie einen guteren [sic] Präsidenten.
Er war ein Mensch, den kein Mensch und kein Lexikon beschreiben können.

Texanische Schulkinder, ›Meine Gedanken über John F. Kennedy‹

Zeittafel

um 1849 Patrick Kennedy und Thomas Fitzgerald emigrieren von Irland in die USA
1888 Geburt von Joseph Kennedy
1890 Geburt von Rose Fitzgerald
1914 Joseph Kennedy und Rose Fitzgerald heiraten
1915 Geburt von Joseph jr. (Joe)
1917 John Fitzgerald (Jack) Kennedy wird in Brookline, Massachusetts, geboren (29. Mai)
1918–1932 Geburt der Geschwister Rosemary (1918), Kathleen (1920), Eunice (1921), Patricia (1924), Robert (Bobby) Francis (1925), Jean Ann (1928), Edward (Ted) Moore (1932)
1927 Umzug der Familie nach New York
1929 Jacqueline Lee Bouvier (Jackie) wird in Southampton, New York, geboren (28. Juli)
1935 Abschluss an der Privatschule Choate
1935–1940 Studium in Princeton und Harvard (Politik, Geschichte, Wirtschaft)
1937/39 Kennedy bereist einige europäische Länder
1938 Joseph Kennedy wird Botschafter in Großbritannien
1940 Studienabschluss mit Arbeit über britische Appeasementpolitik; wird als Buch unter dem Titel »Why England Slept« veröffentlicht
1941 Beginn des Kriegsdienstes
1943 Patrouillen-Torpedoboot 109 wird im Pazifik von einem japanischen Zerstörer gerammt und sinkt; Kennedy wird für seinen Kriegseinsatz ausgezeichnet; scheidet wegen starker Rückenbeschwerden aus dem Militärdienst aus
1944 Joe Kennedy jr. stirbt bei einem Einsatz über dem Ärmelkanal (12. August)
1945 Korrespondent des Chicagoer ›Herald-American‹; berichtet von der Gründung der Vereinten Nationen in San Francisco und von der Potsdamer Konferenz
1946 Kennedy gewinnt die Wahl im 11. Kongressdistrikt von Massachusetts und wird Abgeordneter im Repräsentantenhaus in Washington; wird 1948 und 1950 erneut gewählt
1947 Die Addisonsche Krankheit wird diagnostiziert

1952 Kennedy siegt im Senatswahlkampf gegen Henry Cabot Lodge; wird 1958 mit großer Mehrheit wieder gewählt
1953 John F. Kennedy und Jacqueline Lee Bouvier heiraten im Nobelort Newport in Rhode Island (12. September)
1954/55 Kennedy unterzieht sich schweren Operationen an der Wirbelsäule
1956 Kennedy verfehlt knapp die Nominierung seiner Partei für das Amt des Vizepräsidenten
1957 Pulitzerpreis für das Buch ›Profiles in Courage‹ (dt. ›Zivilcourage‹)
1957 Caroline Kennedy wird geboren (27. November)
1960 Kennedy kündigt seine Kandidatur für das Präsidentenamt an (Januar)
1960 Kennedy wird in Los Angeles zum Präsidentschaftskandidaten der Demokratischen Partei gewählt; hält dort die »New Frontier«-Rede; im November gewinnt er die Wahl knapp gegen den Republikaner Richard Nixon
1960 John jr. (John-John) wird geboren (25. November)
1961 John F. Kennedy wird als 35. Präsident der Vereinigten Staaten vereidigt; Lyndon B. Johnson wird Vizepräsident (20. Januar)
1961 Erste live ausgestrahlte Pressekonferenz (25. Januar)
1961 Gründung des Peace Corps (1. März)
1961 Kennedy schlägt die »Alliance for Progress« vor (13. März)
1961 Juri Gagarin umrundet als erster Mensch die Erde (12. April)
1961 Der Invasionsversuch in der Schweinebucht endet mit einem Fiasko (17. April)
1961 »Freedom Rides« im Süden der USA (Mai)
1961 Kennedy verkündet das Ziel, in zehn Jahren Menschen auf den Mond zu bringen (25. Mai)
1961 Wiener Gipfeltreffen mit Chruschtschow (3./4. Juni)
1961 Fernsehansprache Kennedys zur Berlinkrise (25. Juli)
1961 Bau der Berliner Mauer (13. August)
1961 Berlin-Besuch von Vizepräsident Johnson (19. August)
1961 Pablo Casals spielt bei einem Empfang im Weißen Haus (13. November)
1962 Jackie Kennedy präsentiert dem Fernsehpublikum das renovierte Weiße Haus (14. Februar)
1962 John Glenn umrundet als erster Amerikaner die Erde (20. Februar)
1962 Kennedy greift in einer Pressekonferenz wegen Preiserhöhungen die Stahlindustrie an (11. April)
1962 Kennedy sorgt dafür, dass James Meredith als erster

schwarzer Student sein Studium an der Universität von Mississippi aufnehmen kann (30. September/1. Oktober)

1962 Fotos von Spionageflugzeugen belegen die Errichtung von russischen Abschussbasen für Atomraketen auf Kuba. Während der »Dreizehn Tage« der Kubakrise steht die Welt am nuklearen Abgrund (16.–28. Oktober)

1963 Rassenunruhen in Birmingham, Alabama (Mai und September)

1963 »Friedensrede« an der American University in Washington (10. Juni)

1963 Fernsehansprache zur Bürgerrechtsfrage; Kennedy kündigt ein Bürgerrechtsgesetz an (11. Juni)

1963 Kennedy besucht die Bundesrepublik (23.–26. Juni); hält seine berühmte »Ich bin ein Berliner«-Rede am Rathaus Schöneberg in Berlin (26. Juni); anschließend reist er nach Irland

1963 Patrick Kennedy wird geboren (7. August); der mehrere Wochen zu früh geborene Junge stirbt zwei Tage später im Krankenhaus

1963 »I have a dream«-Rede von Martin Luther King beim »March on Washington« (28. August)

1963 Installation des »heißen Drahts« zwischen Moskau und Washington (30. August)

1963 Kennedy unterzeichnet ein Atomteststopp-Abkommen mit der Sowjetunion und Großbritannien (7. Oktober)

1963 Ermordung des südvietnamesischen Machthabers Diem (2. November)

1963 John F. Kennedy wird in Dallas ermordet (22. November); Lyndon B. Johnson wird sein Nachfolger

1963 Kennedy wird auf dem nationalen Ehrenfriedhof Arlington bei Washington beerdigt (25. November)

1968 Martin Luther King wird ermordet (4. April)

1968 Robert Kennedy, der sich um die Präsidentschaftskandidatur der Demokratischen Partei bewirbt, wird bei einer Wahlkampfveranstaltung in Los Angeles erschossen (6. Juni)

1968 Jackie Kennedy heiratet den griechischen Reeder Aristoteles Onassis

1979 Die John F. Kennedy Library in Boston wird feierlich eröffnet

1994 Jackie Kennedy stirbt in New York (19. Mai)

Bibliografie

Kennedys Reden und Schriften

Adler, Bill: Lachen mit Kennedy. Der Humor des Präsidenten, Berlin 1967.
Sammlung von witzigen Bemerkungen und Sprüchen Kennedys.

Kennedy, John F.: A Compilation of Statements and Speeches Made During His Service in the United States Senate and House of Representatives, Washington 1964.
Sammlung aller Reden, die Kennedy während seiner Zeit im amerikanischen Kongress gehalten hat.

Kennedy, John F.: Dämme gegen die Flut. Reden und Erklärungen, Frankfurt/M. 1964.
Sammlung von Reden Kennedys aus seinem ersten Amtsjahr.

Kennedy, John F.: Der Weg zum Frieden, Düsseldorf 1961.
Sammlung von Reden Kennedys aus seiner Zeit im Kongress.

Kennedy, John F.: Die Nation der vielen Völker, München 1982.
Kennedy forderte mit diesem Büchlein eine Reform der Einwanderungsgesetzgebung.

Kennedy, John F.: Glanz und Bürde, Düsseldorf 1964.
Sammlung von Reden Kennedys aus seinem zweiten und dritten Amtsjahr.

Kennedy, John F.: Prelude to Leadership: The European Diary of John F. Kennedy, Summer 1945, Washington, D. C. 1995.
Nachdruck des Tagebuchs seiner Europareise vom Sommer 1945.

Kennedy, John F.: Zivilcourage, Wien 1960.
Für dieses Sammelportrait »mutiger« Kongressmitglieder erhielt Kennedy 1957 den Pulitzerpreis.

Kennedy, John F.: Why England Slept, 1962.
1940 erstmals veröffentlichte Abschlussarbeit aus Harvard, in der Kennedy die Appeasementpolitik Chamberlains verteidigt und grundlegende Überlegungen zur Demokratie anstellt.

Memorable Quotations of John F. Kennedy, hg. v. Maxwell Meyersohn, New York 1965.
Reicher Zitatenschatz Kennedys.

Public Papers of the Presidents of the United States:

John F. Kennedy, 3 Bde., Washington 1961–64.
Enthalten sind alle wichtigen Reden und Verlautbarungen Kennedys sowie der komplette Text aller Pressekonferenzen seiner Amtszeit.

Weitere Quellenpublikationen

Central Intelligence Agency (Hg.): The Secret Cuban Missile Crisis Documents, Washington 1994.
Enthält lange streng geheime Dokumente des Geheimdienstes CIA zur Kubakrise.

Dokumente zur Deutschlandpolitik, Reihe 4, Vom 10. November 1958 bis 30. November 1966 Bde. 6–9, 1. Januar 1961 bis 31. Dezember 1963, Frankfurt/M. 1975–78.
Umfassende kommentierte Quellensammlung zur Deutschlandpolitik.

Foreign Relations of the United States, 1961–1963, 25 Bde., Washington 1998 ff.
Wichtige, enorm breite und kommentierte Auswahl außenpolitischer Quellen zur Kennedy-Präsidentschaft.

The Gallup Poll. Public Opinion 1935–1971, Bd. 3, 1959–1971, New York 1972.
Enthält alle Meinungsumfragen dieser Jahre im Kurzformat.

Hilfsmittel, Forschungsberichte

Adams, Willi Paul: Die USA im 20. Jahrhundert, München 2000.
Unverzichtbares bibliografisches Hilfsmittel.

Chafe, William H.: The Unfinished Journey: America Since World War II, New York 4. A. 1999.
Ein Standardwerk zur amerikanischen Nachkriegsgeschichte.

Giglio, James N.: John F. Kennedy: A Bibliography, Westport, Conn. 1995.
Sehr gute und einzige halbwegs aktuelle Bibliografie zu John F. Kennedy.

Patterson, James T.: Grand Expectations: The United States, 1945–1974, New York 1996.
Erstklassige Darstellung der amerikanischen Geschichte vom Ende des Zweiten Weltkriegs bis Richard Nixon.

Political Profiles: The Kennedy Years, hg. v. Nelson Lichtenstein, New York 1976.
Bietet Kurzportraits wichtiger politischer Persönlichkeiten der Kennedy-Jahre.

Biografien, Gesamtdarstellungen, Familiengeschichte

Bernstein, Irving: Promises Kept: John F. Kennedy's New Frontier, 1991.
Verteidigt die Leistungen Kennedys mit guten Argumenten.

Bisiach, Gianni: John F. Kennedy, Würzburg 1992.
Ausführliche Überblicksdarstellung.

Blair, Joan and Clay, jr.: The Search for JFK, New York 1976.
Belegten als Erste, dass Kennedy an der Addisonschen Krankheit litt.

Brandt, Willy: Begegnungen mit Kennedy, München 1964.
Der frühere Regierende Bürgermeister von Westberlin gibt seine Sicht auf Kennedy und diskutiert dessen Berlinpolitik.

Burner, David: John F. Kennedy. Der Traum von einer besseren Welt, München 1992.
Kurze, aber brauchbare Darstellung.

Burns, James MacGregor: John Kennedy: A Political Profile, New York 1961.
Von Kennedy autorisierte Wahlkampfbiografie mit kritischen Elementen.

Donovan, Robert J.: Kennedy auf PT 109. Das Kriegserlebnis des amerikanischen Präsidenten, München 1962.
Schildert die Kriegserlebnisse Kennedys. Während dessen Amtszeit erfolgreich verfilmt.

Giglio, James N.: The Presidency of John F. Kennedy, Lawrence, Ks. 1991.
Eine der ausgewogensten Darstellungen der Kennedy-Präsidentschaft.

Goodwin, Doris Kearns: The Fitzgeralds and the Kennedys: An American Saga, New York 1987.
Hatte exklusiven Zugang zu privaten Dokumenten der Kennedys. Beste Darstellung der frühen Familiengeschichte.

Gromyko, Andrej A.: Die 1036 Tage des Präsidenten, Berlin (Ost) 1970.
Erinnerungen des ehemaligen russischen Außenministers an die Kennedy-Zeit.

Hamilton, Nigel: John F. Kennedy. Wilde Jugend. Leben und Tod eines amerikanischen Präsidenten, Frankfurt/M. 1993.
Sehr ausführliche Darstellung der Kindheit und Jugendzeit Kennedys.

Hersh, Seymour: Kennedy. Das Ende einer Legende, Hamburg 1998.
Der bekannte Enthüllungsjournalist hat sich John F. Kennedy vorgenommen. Nicht immer fair greift er jedes negative Gerücht auf.

Kennedy, Rose Fitzgerald: Alles hat seine Stunde, Frankfurt/M. 1974.
Oft beschönigende Erinnerungen von Kennedys Mutter.

Kenney, Charles: John F. Kennedy: The Presidential Portfolio. History as Told through the Collection of the John F. Kennedy Library and Museum, New York 2000.
Reich bebilderte und faire Darstellung.

Klein, Edward: Jack & Jackie. Die Kennedys – Traum-

paar im Zentrum der Macht, Berlin 1997.
Locker geschriebene, aber auch auf eigenen Recherchen beruhende Darstellung eines Journalisten.

Leamer, Laurence: Die Frauen der Kennedys, München 1994.
Leamer erzählt über mehrere Generationen die Geschichte der »Kennedy-Frauen«.

Mailer, Norman: The Presidential Papers, New York 1982 (1963).
Sammlung von Essays des amerikanischen Schriftstellers, der einen scharfen und originellen Blick auf die Kennedys geworfen hat.

O'Donnell, Kenneth P./Powers, David F.: »Johnny, We Hardly Knew Ye«: Memories of John Fitzgerald Kennedy, Boston 1972.
Zwei enge Freunde und Berater Kennedys erzählen von ihren Begegnungen mit ihm. Interessante Details, aber zu positiv gefärbte Sicht Kennedys.

Posener, Alan: John F. Kennedy, Reinbek 1991.
Eine kurze, bebilderte und fundierte Biografie Kennedys.

Posener, Alan: John F. Kennedy und Jacqueline. Das Königspaar im Weißen Haus, Reinbek 2002.
Mehr aus der privaten Perspektive erzählte Geschichte von Jack und Jackie Kennedy.

Reeves, Richard: President Kennedy: Profile of Power, New York 1994.
Eine der besten kritischen Darstellungen von Kennedys Amtszeit, die einen chronologischen Zugriff wählt.

Reeves, Thomas C.: John F. Kennedy. Die Entzauberung eines Mythos, Hamburg 1992.
Zählt zu den besten Kennedy-Büchern, fokussiert aber zu stark auf den Charakter Kennedys.

Rimscha, Robert von: Die Kennedys. Glanz und Tragik des amerikanischen Traums, Frankfurt/M. 2001.
Fasst die wichtigsten amerikanischen Studien der letzten Jahre kompakt zusammen. Oft zu nah am Originaltext.

Salinger, Pierre: J. F. Kennedy, Düsseldorf 1992.
Kennedys Pressesekretär gewährt einen spannenden Blick hinter die Kulissen.

Schild, Georg: John F. Kennedy. Mensch und Mythos, Göttingen 1997.
Sehr kurze, prägnante Darstellung.

Schlesinger, Arthur M.: Die tausend Tage Kennedys, Bern 1965.
Umfassende Darstellung der Amtszeit Kennedys durch einen seiner Berater. In vielen Punkten kritisch, doch insgesamt schreibt auch der Historiker Schlesinger an der Kennedy-Legende mit.

Sevareid, Eric: Candidates 1960: Behind the Headlines in the Presidential Race, New York 1959.
Interessante zeitgenössische Beschreibung der Kandidaten.

Sorensen, Theodore C.: Kennedy, München 1966.
Voluminöse Biografie von Kennedys begnadetem Redenschreiber, die Kennedy gegen Kritiker verteidigt.

Weil, Ursula und Otto: John F. Kennedy. Der 35. Präsident der USA, Berlin (Ost) 1966.
Einzige Kennedy-Biografie, die in der DDR erschienen ist.

Whalen, Richard J.: The Founding Father: The Story of Joseph P. Kennedy, New York 1966.
Bahnbrechende Arbeit über Joseph Kennedy.

White, Theodor: Der Präsident wird gemacht, Köln 1963.
Beschreibt detailliert den spannenden Wahlkampf von 1960.

Wills, Garry: The Kennedy Imprisonment: A Meditation on Power, Boston 1982.
Sehr kritische Darstellung, die kaum ein gutes Haar an Kennedy lässt.

Jackie Kennedy

Abbott, James A./Rice, Elaine M.: Designing Camelot: The Kennedy White House Restoration, New York 1998.
Ausführlich und reich bebildert wird die Renovierung des Weißen Hauses unter Führung Jackie Kennedys geschildert.

Heymann, David C.: Eine Frau namens Jackie. Die intime Biografie von Jacqueline Kennedy-Onassis, München 1990.
Gute und auf vielen Interviews beruhende Biografie.

Jackie Kennedy: The White House Years, hg. v. Hamish Bowles: Boston, 2001.
Prächtiger Katalog zur gleichnamigen Ausstellung mit vielen Farbfotos der schönsten Kleider von Jackie Kennedy. Schafft es, ihre Kleidung und ihren Stil in einen größeren politischen und kulturellen Kontext zu stellen.

Veit, Elisabeth: Jacqueline Kennedy, München 2002.
Kurzer Überblick über das Leben Jackie Kennedys. Gelegentlich mit fragwürdigen politischen Deutungen.

Wolf, Perry: A Tour of the White House with Mrs. John F. Kennedy, New York 1962.
Die Fernsehtour durchs Weiße Haus mit Jackie Kennedy in Buchform.

Bildbände

LIFE in Camelot: The Kennedy Years, Boston 1988.
Auch hier zeigen die Fotografen der legendären Zeitschrift wieder, warum sie zu den besten zählten.

Lowe, Jacques: JFK Remembered, New York 1998.
Enthält einige der berühmtesten »privaten« Fotos der Kennedys.

The Memories: JFK 1961–1963 of Cecil Stoughton and Chester V. Clifton, New York 1973.
Sammlung der Fotos, die die beiden offiziellen Fotografen in der Regierungszeit Kennedys gemacht haben.

Shaw, Mark: The John F. Kennedys: A Family Album, New York 1964.
Zeigt die »privaten« Kennedys: einige der bekanntesten Aufnahmen.

Kalter Krieg und Außenpolitik

Beschloss, Michael: Powergame. Kennedy und Chruschtschow. Die Krisenjahre 1960–1963, Düsseldorf 1991.
Ausführlichste und hervorragende Schilderung der außenpolitischen Krisen dieser Jahre aus amerikanischer Sicht.

Biermann, Harald: John F. Kennedy und der Kalte Krieg. Die Außenpolitik der USA und die Grenzen der Glaubwürdigkeit, Paderborn 1997.
Sehr gute und beste deutschsprachige Auseinandersetzung mit der Außenpolitik Kennedys.

Chruschtschow erinnert sich, hg. v. Strobe Talbott, Reinbek 1971.
Die nicht unumstrittenen Memoiren des sowjetischen Führers gewähren Einblick in seine Sicht der Geschichte. Nach seinem Sturz geschrieben.

Drechsler, Karl, John F. Kennedy, Nikita Chruschtschow, Frankfurt/M. 1999.
Knapper Blick auf das Verhältnis der beiden Gegenspieler. Nicht immer auf der Höhe der Forschung.

Ein großer Tag in der Geschichte unserer Stadt. 26. Juni 1963: John F. Kennedy in Berlin. Hg. v. Presse- und Informationsdienst des Landes Berlin, Berlin 1963.
Fotos und Reden von Kennedys Berlin-Besuch.

Freedman, Lawrence: Kennedy's Wars. Berlin, Cuba, Laos, and Vietnam, New York 2000.
Ausgewogene Zusammenfassung des Forschungsstandes zu den vier im Titel genannten Krisenherden.

Frey, Marc: Die Geschichte des Vietnamkrieges, München 5. A. 2000.
Sehr gute und einzige deutschsprachige Darstellung, die die neueste amerikanische Forschung zum Vietnamkrieg zugänglich macht.

Hacke, Christian: Zur Weltmacht verdammt. Die amerikanische Außenpolitik von J. F. Kennedy bis G. W. Bush, München 2002.
Bettet die wenigen Jahre der amerikanischen Außenpolitik

unter Kennedy in eine längere Perspektive ein.

Logevall, Fredrik: Choosing War: The Lost Chance for Peace and the Escalation of War in Vietnam, Berkeley 1999.
Eine erstklassige neue Studie zum Vietnamkrieg, die überzeugend darlegt, dass Kennedy sich im November 1963 noch nicht auf eine künftige Vietnampolitik festgelegt hatte.

Steiniger, Rolf: Der Mauerbau. Die Westmächte und Adenauer in der Berlinkrise 1958–1963, München 2001.
Sehr gut lesbare, auf dem neuesten Forschungsstand beruhende Darstellung.

Zubok, Vladislav M.: Krushchev and the Berlin Crisis (1958–1962). Working Paper No. 6, Cold War International History Project, Washington, D. C. 1993.
Benutzt viele, nun endlich zugängliche russische Dokumente und gleicht so ein Forschungsdefizit aus.

Zubok, Vladislav M./Pleshakow, Constantine, Inside the Kremlin's Cold War: From Stalin to Khrushchev, Cambridge, Mass. 1996.
Eine lange ersehnte übergreifende Studie, die den Kalten Krieg aufgrund neuester Forschungen aus der Sicht der sowjetischen Beteiligten schildert.

New Frontiers

Gibson, Donald: Battling Wall Street: The Kennedy Presidency, New York 1994.
Lobende Darstellung von Kennedys Wirtschaftspolitik.

Heath, Jim F.: John F. Kennedy and the Business Community, Chicago 1969.
Wirtschaftsgeschichte der frühen 60er-Jahre.

Hoffman, Elizabeth Cobbs: All You Need Is Love: The Peace Corps and the Spirit of the 1960s, Cambridge, Mass. 1998.
Kritische Darstellung des Peace Corps. Wählt teilweise eine vergleichende Perspektive auf entwicklungspolitische Initiativen anderer Länder.

Kauffman, James Lee: Selling Outer Space: Kennedy, the Media, and Funding for Project Apollo, 1961–1963, Tuscaloosa 1994.
Fundierte Analyse der Raumfahrtpolitik und ihrer Ziele unter Kennedy.

McDougall, Walter A.: The Heavens and the Earth: A Political History of the Space Age, New York 1985.
Breit angelegte Geschichte der Raumfahrt aus US-Perspektive.

Rabe, Stephen G.: The Most Dangerous Area in the World: John F. Kennedy Confronts Communist Revolution in Latin America, Chapel Hill 1999.
Beste, sehr kritische Darstellung zur »Alliance for Progress«.

Redmon, Coates: Come As You Are: The Peace Corps Story, San Diego 1986.
Zitatenreiche Geschichte des Peace Corps.

Rice, Gerard T.: The Bold Experiment: JFK's Peace Corps, Notre Dame 1985.
Ausgewogene Darstellung des Peace Corps und seiner Ziele.

Siefarth, Günter: Geschichte der Raumfahrt, München 2001.
Sehr knapper Überblick über die Raumfahrtgeschichte.

Kubakrise

Brauburger, Stefan: Die Nervenprobe. Schauplatz Kuba: Als die Welt am Abgrund stand, Frankfurt/M. 2002.
Aktuelle Schilderung der Kubakrise. Zur gleichnamigen ZDF-Sendung erschienen.

Fursenko, Aleksandr/Naftali, Timothy: »One Hell of a Gamble«. Krushchev, Castro, and Kennedy, 1958–1964, New York 1997.
Füllte eine wichtige Forschungslücke, weil endlich umfassend die russischen Quellen einbezogen wurden.

Greiner, Bernd: Kuba-Krise 13 Tage im Oktober: Analyse, Dokumente, Zeitzeugen, Nördlingen 1988.
Immer noch die umfassendste deutschsprachige Darstellung mit Quellen.

Kennedy, Robert F.: Dreizehn Tage. Die Verhinderung des Dritten Weltkriegs durch die Brüder Kennedy, Bern 1969.
Die von Theodore Sorensen nach der Ermordung herausgegebene und an wichtigen Stellen gekürzte Darstellung eines der Hauptbeteiligten. Der deutsche Titel klingt weit dramatischer als das amerikanische Original: ›Thirteen Days: A Memoir of the Cuban Missile Crisis.‹

The Kennedy Tapes: Inside the White House during the Cuban Missile Crisis, hg. v. Ernest R. May und Philip Zelikow, Cambridge, Mass. 1997.
Transkripte der geheimen Aufnahmen, die Kennedy ohne Wissen der anderen von den Sitzungen des Krisenstabes machte.

Bürgerrechte

Branch, Taylor: Parting the Waters: America in the King Years, 1954–63, New York 1988.
Erster Teil einer minutiösen Schilderung Kings und der frühen Jahre der Bürgerrechtsbewegung.

King, Martin Luther: Testament der Hoffnung. Letzte Reden, Aufsätze, Predigten, Gütersloh 1979.
Hier findet sich auch die »I have a dream«-Rede.

King, Martin Luther: Warum wir nicht warten können, Frankfurt/M. 1965.
Enthält u. a. den Brief aus dem Gefängnis von Birmingham.

Sitkoff, Harvard: The Struggle for Black Equality, New York 1993.
Ein hervorragender kompakter Überblick über den Kampf um die Bürgerrechte der Afroamerikaner.

Waldschmidt-Nelson, Britta: Martin Luther King, Malcolm X, Frankfurt/M. 2000.
Eine der wenigen deutschsprachigen Überblicksdarstellungen zum Thema, die gleich zwei der Protagonisten in den Blick nimmt.

Williams, Juan: Eyes on the Prize: America's Civil Rights Years, 1954–1965, New York 1987.
Reich bebildert und mit Quellen ergänzt.

Ermordung

Cornwell, Gary: Real Answers, Spicewood, Texas 1998.
Der Autor war einer der Chefermittler für den Untersuchungsausschuss von 1978. Prägnante und kluge Auseinandersetzung mit dem Thema.

Four Days. The Historical Record of the Death of President Kennedy, [Washington] 1964.
Fotos und Dokumente zum ereignisreichen Wochenende im November 1963.

Garrison, Jim: Wer erschoß John F. Kennedy? Auf der Spur der Mörder von Dallas, Bergisch Gladbach 1992.
Als Bezirksstaatsanwalt in New Orleans strengte Garrison 1966 einen großen Gerichtsprozess an, um die Hintergründe des Kennedy-Attentats aufzudecken. Wichtigste Quelle für Oliver Stones JFK-Film, aber unhaltbare Verschwörungstheorie.

Lane, Mark: Mark Lane klagt an. Kritik am Warren-Bericht, Wien 1967
Eine der ersten ernst zu nehmenden Schriften, die Zweifel an der Qualität des Warren Reports vorbrachten.

Manchester, William: Der Tod des Präsidenten. 20.–25. November 1963, Frankfurt/M. 1967.
Autorisierte, aber dann von der Kennedy-Familie bekämpfte minutiöse Schilderung der im Titel genannten fünf Tage.

Posner, Gerald: Case Closed: Lee Harvey Oswald and the Assassination of JFK, New York 1993.
Nimmt auf beeindruckende Weise fast alle Verschwörungstheorien auseinander. Eines der besten Bücher zur Kennedy-Ermordung, wenn auch zu selbstgerecht.

Prouty, Leroy F.: JFK. Der CIA, der Vietnamkrieg und der Mord an John F. Kennedy, Wien 1993.
Beriet Oliver Stone beim Film ›JFK‹. Fragt: Wer hatte Interesse an der Ermordung Kennedys, wer hat davon profitiert? Sieht Verschwörung des militärisch-industriellen Komplexes.

Warren Report über die Ermordung des Präsidenten John F. Kennedy, Gütersloh 1964.
Der offizielle, aber umstrittene Untersuchungsbericht zur Kennedy-Ermordung.

Museen und Archive

John F. Kennedy Library and Museum
Columbia Point
Boston, Massachusetts 02125
USA
Tel.: 001-877-616-4599
Fax: 001-617-514-1652
Webseite: www.jfklibrary.org
Außenstelle des Nationalarchivs mit Akten zur Kennedy-Präsidentschaft, Familienarchiv, Dokumentensammlung und großem Museum.

John F. Kennedy National Historic Site
83 Beals Street
Brookline, MA 02446
USA
Tel.: 001-617-566-7937
Fax: 001-617-730-9884
Webseite: www.nps.gov/jofi/
Haus, in dem John F. Kennedy geboren wurde. Kurz nach seiner Ermordung von der Familie zurückgekauft.

National Archives at College Park
8601 Adelphi Road
College Park, MD 20740-6001
USA
Tel. 001-301-837-3190
Webseite: www.archives.gov/research_room/jfk/
Sammlung aller Akten zur Kennedy-Ermordung.

The Sixth Floor Museum at Dealey Plaza
411 Elm Street
Dallas, TX 75202-3308
USA
Tel.: 001-214-747-6660
Fax: 001-214-747-6662
Webseite: www.jfk.org
Dauerausstellung zu Kennedys Ermordung in dem Stockwerk, aus dem Lee Harvey Oswald die tödlichen Schüsse auf Kennedy abgegeben haben soll.

Florida International Museum
100 Second Street North
St. Petersburg, FL 33701
USA
Tel.: 001-727-822-3693
Fax: 001-727-898-0248
Webseite:
www.floridamuseum.org
Dauerausstellung der größten Privatsammlung von Kennedy-Objekten.

Internet

American Presidents Life Portraits
www.americanpresidents.org/presidents/president.asp?PresidentNumber=34
Webseite des Fernsehsenders C-Span zu Kennedy mit vielen Filmclips.

Chronik der Mauer
www.chronik-der-mauer.de
Chronologisch angeordnete Webseiten der Bundeszentrale für Politische Bildung und des Deutschlandradio zum Bau der Berliner Mauer.

Cold War International History Project
wwics.si.edu/index.cfm?fuseaction=topics.home&topic_id=1409
Webseiten zur Geschichte des Kalten Krieges. Viele früher geheime Dokumente der (ehemals) kommunistischen Länder sind nun in englischer Sprache zugänglich.

Foreign Relations of the United States
www.state.gov/www/about_state/history/frus.html
Quellenbände zur amerikanischen Außenpolitik. Ein großer Teil der 25 Bände zur Amtszeit von Kennedy sind im Internet zugänglich.

National Archives
www.archives.gov/research_room/jfk/
Der Warren Report und weitere Untersuchungsberichte sind zugänglich.

National Security Archive
www.gwu.edu/~nsarchiv/
Bemüht sich um die Freigabe von Dokumenten zur Außen- und Sicherheitspolitik der USA. Viele ehemals geheime Dokumente (z. B. zur Kuba- oder Berlinkrise) sind hier einsehbar.

Bildnachweis

akg-images, Berlin 1, 19; AP/World Wide Photos 25, 40; Burton Berinsky 14; Charles Moore/Black Star 39; Cinetext, Frankfurt/ Main 42; Deutsches Historisches Museum, Berlin 21; dpa 15; Flip Schulke/ Corbis 38; Hank Walker/Life 29; Bob Jackson 43; John F. Kennedy Memorial Library, Boston 2, 3, 5, 6, 7, 8, 9, 10, 11, 12, 17, 24, 26, 27, 31, 32, 33, 34, 35, 36, 37, 41, 46, (Knudsen) 23, (Richard Sears, Pathe, Boston) 4, (Cecil Stoughton) 18, 28, 30, (Tretick, Look) 16; Jacques Lowe 20; Lyndon B. Johnson Library 22; Paul Schutzer, Life 13; UPI/Bettman 45; Warhol Foundation 44;

Danksagung

Der Autor dankt Verena Walter und Kristina Scholz für die kritische Lektüre des Manuskripts und viele wertvolle Hinweise sowie Michael Etges für sachkundige Kommentare zu Kennedys »Medizingeschichte«.

Register

dtv portrait

Herausgegeben von Martin Sulzer-Reichel
Originalausgaben

Biographien bedeutender Frauen und Männer aus Geschichte, Literatur, Philosophie, Kunst und Musik

Hannah Arendt. Von Ingeborg Gleichauf. dtv 31029
Johann Sebastian Bach. Von Malte Korff. dtv 31030
Ingeborg Bachmann. Von Joachim Hoell. dtv 31051
Thomas Bernhard. Von Joachim Hoell. dtv 31041
Hildegard von Bingen. Von Michaela Diers. dtv 31008
Otto von Bismarck. Von Theo Schwarzmüller. dtv 31000
Heinrich Böll. von Viktor Böll und Jochen Schubert. dtv 31063
Die Geschwister Brontë. Von Sally Schreiber. dtv 31012
Giordano Bruno. Von Gerhard Wehr. dtv 31025
Georg Büchner. Von Jürgen Seidel. dtv 31001
Fidel Castro. Von Albrecht Hagemann. dtv 31057
Frédéric Chopin. Von Johannes Jansen. dtv 31022
Joseph Conrad. Von Renate Wiggershaus. dtv 31034
Hedwig Courths-Mahler. Von Andreas Graf. dtv 31035
Marlene Dietrich. Von Werner Sudendorf. dtv 31053
Annette von Droste-Hülshoff. Von Winfried Freund. dtv 31002
Alexandre Dumas. Von Günter Berger. dtv 31061
Marieluise Fleißer. Von Carl-Ludwig Reichert. dtv 31054
Theodor Fontane. Von Cord Beintmann. dtv 31003
Friedrich II. von Hohenstaufen. Von Ekkehart Rotter. dtv 31040
Max Frisch. Von Lioba Waleczek. dtv 31045
Günter Grass. Von Claudia Mayer-Iswandy. dtv 31059
Heinrich Heine. Von Jan-Christoph Hauschild. dtv 31058
Jimi Hendrix. Von Corinne Ullrich. dtv 31037
Hermann Hesse. Von Klaus Walther. dtv 31062
Alfred Hitchcock. Von Enno Patalas. dtv 31020
Victor Hugo. Von Jörg W. Rademacher. dtv 31055
Jesus von Nazaret. Von Dorothee Sölle und Luise Schottroff. dtv 31026
Janis Joplin. Von Ingeborg Schober. dtv 31065
Novalis. Von Windfried Freund. dtv 31043
Franz Kafka. Von Detlev Arens. dtv 31047
Immanuel Kant. Von Wolfgang Schlüter. dtv 31014
Erich Kästner. Von Isa Schikorsky. dtv 31011
Heinrich von Kleist. Von Peter Staengle. dtv 31009
John Lennon. Von Corinne Ullrich. dtv 31036
Stéphane Mallarmé. Von Hans Therre. dtv 31007
Klaus Mann. Von Armin Strohmeyr. dtv 31031
Maria Theresia. Von Edwin Dillmann. dtv 31028
Karl May. Von Klaus Walther. dtv 31056
Jim Morrison. Von Ingeborg Schober. dtv 31049
Nostradamus. Von Frank Rainer Scheck. dtv 31024
Pablo Picasso. Von Hajo Düchting. dtv 31048
Edgar Allan Poe. Von Frank Zumbach. dtv 31017
Karl Popper. Von Martin Morgenstern und Robert Zimmer. dtv 31060
Marcel Proust. Von Fritz Glunk. dtv 31064
Rainer Maria Rilke. Von Stefan Schank. dtv 31005
John Steinbeck. Von Annette Pehnt. dtv 31010
August Strindberg. Von Rüdiger Bernhardt. dtv 31013
Giuseppe Verdi. Von Johannes Jansen. dtv 31042
Oscar Wilde. Von Jörg W. Rademacher. dtv 31038
Frank Zappa. Von Carl-Ludwig Reichert. dtv 31039